Faszination in Stein

Aus dem Französischen übertragen
von Franz Lamparski und Rita Stamm

Titel der Originalausgabe: Fossiles de tous les temps

Druck und buchbinderische Verarbeitung: OBUN Printing Co., Tokio (Japan)
ISBN 3-451-17950-4

Jean-Claude Fischer
und Yvette Gayrard-Valy

Faszination in Stein

Die schönsten Fossilien in Farbe

mit Fotografien von Denis Serrette
und Rachid Kandaroun

Herder Freiburg · Basel · Wien

Inhalt

1
Spirifer mucronatus

Geleitwort

Das Werk von Jean-Claude Fischer und Yvette Gayrard-Valy unterscheidet sich von anderen paläontologischen Publikationen in Inhalt und Form. Es enthält ein äußerst reichhaltiges und bemerkenswertes Bildmaterial mit exakten Kommentaren auf wissenschaftlichem Niveau.

Die Paläontologie hat deutlich gemacht, daß man nur dann ein Lebewesen oder einen Vorgang verstehen kann, wenn man seine Geschichte kennt. Ebenso wird man auch nur dann eine Wissenschaft verstehen, wenn man ihre Entwicklung nachvollzieht. Das Buch beginnt deshalb mit einem Rückblick in die Vergangenheit, um uns zu zeigen, wie der Mensch ursprünglich die Fossilien deutete.

Bis zum Ende des 18. Jh. lagen Wissenschaft und Legende dicht beieinander. Nach alter Tradition war jede Wissenschaft eng mit der Theologie verknüpft. So existierten im 18. Jh. eine Reihe von sog. „physikalischen Theologien", darunter auch eine „Fossilientheologie". Sie gewann eine große Anhängerschaft. Die Autoren zeigen uns in einem interessanten Bericht, wie die Paläontologie, die eine völlig neue Weltsicht verlangte, allmählich Fuß faßte, bis sie zu einer selbständigen Wissenschaft wurde.

Die Fossilien, Forschungsgegenstand der Paläontologie, geben immer wieder Anlaß zu großem Staunen: Wie kann sich ein Lebewesen in Stein verwandeln, ohne seine typischen Merkmale zu verlieren?

Die Bedingungen der Fossilisation werden sehr großzügig abgehandelt. Die Autoren beschreiben die Bedingungen der Fossilbildung, sie berichten von den Fundstellen und ihrem Abbau. Die lebhafte Darstellung der paläontologischen Forschungen läßt uns die Entdeckerfreude ahnen, die über bloße Neugier hinausgeht und zu einem Staunen vor der schöpferischen Arbeit des Lebens wird. Auch unsere heutige Weltsicht erfährt eine große Bereicherung durch die Vielfalt der Strukturen und Formen, die den Gesetzen der Mathematik und Geometrie gehorchen, und durch den Überfluß verschiedener Arten, die wiederum physiologischen Gesetzen unterworfen sind.

Alle Ausführungen gehen auf eine Frage hinaus, die der Paläontologe immer wieder stellt: Es ist die Frage nach der Zeit, der Zeit des Universums, des Lebens und der Zeit der Menschheitsgeschichte.

In einem sehr lebhaften und doch präzisen Stil versuchen die Autoren J.-Cl. Fischer und J. Gayrard-Valy unser Verständnis für die Vergangenheit des Lebens zu wecken, nicht ohne einen Blick in die Zukunft zu wagen. Das Buch bringt dem Leser die Probleme nahe, mit denen sich die Paläontologie seit langen beschäftigt: Schöpfung und Evolution, Ursprung und Schicksal.

Jean Piveteau
Mitglied des Instituts

2

Dieser völlig verkieselte Stamm eines Baumfarns (Psaronius brasiliensis) *zeigt noch nach 250 Millionen Jahren die ganze Feinheit seiner Strukturen, die bei diesem polierten Querschnitt besonders gut hervortreten.*

Vorwort

3

Die Abbildungen ohne Text werden im Sachverzeichnis (Seite 182) erläutert.

Dieses Werk wendet sich an alle, die sich aus ästhetischen oder aus wissenschaftlichen Gründen für die Zeugen der biologischen Vergangenheit – die Fossilfunde – interessieren. Sie enthüllen uns die vielfältigen und bewundernswerten Veränderungen, die die Entwicklung des Lebens von Anfang an charakterisieren, durch die in langen Zeiträumen unsere gegenwärtige Umwelt entstand.

Das vorliegende Werk soll jedoch keine wissenschaftliche Abhandlung und noch weniger einen Bestimmungsatlas darstellen, sondern eher eine „Anthologie" bemerkenswerter Lebensspuren, die uns in den Sedimentgesteinen erhalten sind. Wir wollen dabei weniger Fossilien von streng wissenschaftlichem Interesse noch die allgemein bekannten, geradezu klassischen Exemplare betrachten, sondern besonders die herausgreifen, die am ehesten unser Gefühl und unsere Phantasie ansprechen. Ihre Schönheit liegt im Gleichmaß der Skulpturen und Formen, in der Besonderheit des Materials und in ihrer historischen Aussagekraft.

Es wird hier nicht von Evolution, Stratigraphie oder Systematik die Rede sein. Darüber existieren viele ausgezeichnete Arbeiten verschiedenen fachlichen Niveaus. Wenige Autoren hingegen begreifen die Fossilien als Gegenstand intellektueller und kreativer Forschung.

Im Gegensatz zu den heute lebenden Gattungen, die uns reiches Anschauungsmaterial liefern, sind die Fossilfunde selten und kostbar. Es sind untergegangene unwiederbringliche Arten, eingebettet in Sedimente begrenzten Ausmaßes.

Die Schönheit der Fossilien scheint bisher vergessen worden zu sein. Diesen Leerraum wollen wir ausfüllen.

So wie ein Botaniker die Pflanzenwelt anders sieht als ein Künstler, so stellen auch für den Paläontologen die Fossilien nicht das gleiche dar wie für einen Liebhaber der Geologie.

Die fortschreitende Spezialisierung der modernen Wissenschaft und der Glaube daran bringen es mit sich, daß der ästhetische Wert häufig unserer Aufmerksamkeit entgeht. Verantwortlich dafür ist die notwendige, objektive Strenge der biologischen Analyse. Die Schönheit der Pflanzen- und Tierwelt wird nur als äußere Schale des Organismus gesehen, die der Kunsthistoriker Henri FOCILLON etwas pointiert „physiologischen Sack" nannte. Die Morphologie hat indessen einen ganz besonderen Schönheitswert. Der Biologe Adolf PORTMANN spricht von der „Bedeutung der äußeren Form, die bei der Erforschung der Lebensfunktionen häufig vernachlässigt wurde".

Die meisten populärwissenschaftlichen Arbeiten und besonders die der Paläontologie bringen Fossilabbildungen nur zum besseren Verständnis des Textes.

Das vorliegende Werk geht gerade den umgekehrten Weg. Der Leser soll den ästhetischen Wert der schönsten Fossilien kennenlernen. Die Bildkommentare geben Auskunft über Ursprung, Alter, Lebensweise und Bedingungen der Fossilisation. Weitere Erklärungen bietet der Text. Er vermittelt keine exakten wissenschaftlichen Kenntnisse, sondern will uns nur mit den vielfältigen Informationen der Fossilfunde vertraut machen. Wenn den Leser ein Teilbereich der Paläontologie besonders interessiert, wird er jederzeit die angegebenen Quellen zu Hilfe nehmen können.

Dieses Werk will also im wesentlichen eher kulturelle als wissenschaftliche Anregungen geben.

Wir danken allen sehr herzlich, die ein Erscheinen dieses Werkes ermöglicht haben:

Herr Professor J.-P. Lehman, Herr J. Sornay, Frau C. Blanc, Herr L. Ginsburg, Frau M. Deflandre-Rigaud, Frau Y. Le Calvez, Herr J.-P. Chevalier, Herr J. Blot, Herr E. Buge, Frau F. Debrenne, Frau J. Drot, Herr D. Heyler, Herr M. Dutuit, Herr J. Roman, Herr D. Goujet, Frau M. Gaudant (Institut de Paléontologie du Muséum, Paris).

Herr Professor R. Laffitte, Frau D. Noël, Herr F. Gautier, Herr J.-P. Caulet, Herr Y. Reyre (Laboratoire de Géologie du Muséum, Paris).

Herr Professor J. Fabries, Herr H. Schubnel (Laboratoire de Minéralogie du Muséum, Paris).

Frau S. Kelner-Pillault (Laboratoire d'Entomologie du Muséum, Paris).

Herr Professor J. Guiart, Frau M. de Fontanes, Frau S. Thierry (Musée de l'Homme, Paris).

1
Einführung

4

Es ist nicht verwunderlich, daß wir uns für unsere eigene Geschichte, die Entwicklung des Menschen, ganz besonders interessieren. Das meiste erfahren wir darüber durch die Arbeit der Archäologen und Prähistoriker, welche sich auf unterschiedliche Zeiten und Methoden spezialisiert haben.

Die Archäologen erforschen alte Kulturen und verschwundene Zivilisationen. So konnten sie die spärlichen Überreste des antiken Ninive, Delphis und Roms wieder mit Leben erfüllen, mehrere 1000 Jahre, nachdem sie von ihren letzten Bewohnern verlassen wurden.

Der Prähistoriker dagegen bringt die Spuren und fossilen Zeugnisse aus den Anfängen der Menschheit ans Tageslicht. So wird für uns die erstaunliche Entwicklung unserer weit entfernten Verwandten wieder lebendig: Am Beginn, vor 3 Millionen Jahren, erschien der Australopithecus, ihm folgte der Pithecanthropus und danach der Neandertaler, bevor vor etwa 37000 Jahren zum ersten Mal der moderne Mensch auftrat.

Aber in den Archiven der Erde finden sich darüber hinaus auch noch Dokumente einer Entwicklung, die sich bis in weit davorliegende Epochen zurückverfolgen läßt: Lange bevor die werdende Menschheit ihre ersten Spuren hätte hinterlassen können, waren die Ozeane und Kontinente von unzähligen Pflanzen- und Tierarten bevölkert, deren Überreste der Paläontologe im Sediment entdeckt. Diese Spuren, Fossilien genannt, diese wertvollen und aussagekräftigen Zeugen der biologischen Vergangenheit, bilden die Grundlage unserer Kenntnis über die außergewöhnliche, 3 Milliarden Jahre alte Entwicklung des Phänomens Leben.

Manchmal wurden die Fossilien nur als verwunderliche Kuriositäten der Natur angesehen, aber auch als Sammelobjekt oder als Ziel wissenschaftlicher Studien. Jedoch schon immer waren die Menschen fasziniert von ihrer Fremdheit, von ihrem Alter, soweit man es überhaupt erkannte, und von dem Zeugnis, welches sie von der Entwicklung unseres Planeten ablegen.

Ihr Erhaltungszustand ist unterschiedlich. Manchmal sind es unversehrte, detailgetreue Abbilder von Lebendformen, manchmal sind es nur Fragmente, Abdrücke oder Spuren, meist von Hartteilen, wie Schalen, Schuppen, Zähnen oder Knochen.

Auch fremdartige Gestalten sind unter ihnen, wie von anderen Planeten, oder schreckenerregende, bei denen man sich fragen möchte, welche Phantasie oder wunderliche Laune die Natur zu solchen Schöpfungen veranlaßte.

Doch auch wahre Kunstwerke kann man unter ihnen finden.

Dies alles sind jedoch Kategorien des menschlichen Gefühls. Die Natur selbst kennt weder schön noch häßlich, ebenso kein Gut und kein Böse. Seien es Pflanzen oder Tiere, bei ihr zählt nur Lebenskraft, Fortpflanzung und Anpassung.

Unsere Begriffe von Schönheit und Häßlichkeit stammen aus der menschlichen Psyche: die Kenntnis, der Nutzen oder auch nur die Gewohnheit bestimmen unser Verhalten, wobei wir die Größe und die Proportionen genauso würdigen wie Muster, Farben und ihre Harmonie. Auf dieser Beziehung zwischen Form und Funktion beruht unser Schönheitsempfinden. Ungeahnte, fremde oder beunruhigende Dinge erscheinen uns dagegen eher häßlich.

Die Lebewesen, welche wir „prähistorisch" nennen, haben wir nie lebendig gesehen; sie sind unserer Gedankenwelt fremd und lassen scheinbar erschreckende Epochen wiedererstehen.

Worauf aber beruht die Schönheit der Fossilien? Über dieses Thema kann jeder seine eigene Meinung, sein eigenes Wertsystem haben, je nach seinen Kenntnissen, seiner Vorstellungskraft und seinen Beziehungen zur Gesteins-, Pflanzen- und Tierwelt und je nach seiner Einstellung zum Phänomen Leben ...

Wir, die Geologen und Paläontologen, fühlen uns durch die Wissenschaft mit den Vorläufern unserer heutigen Pflanzen- und Tierwelt eng verbunden. Die schönsten Fossilien sind für uns vor allem die, welche die Entwicklung des Lebens, das große Abenteuer, das auch die Vergangenheit und die Zukunft des Menschen umfaßt, am besten beleuchten. Dieses große Abenteuer im Lauf der Erdgeschichte zeigt einen permanenten Widerspruch von Schwäche und Kraft, von Vergänglichkeit und Überleben, von Kleinheit und Größe, in einem dauernden Wechsel der Fähigkeiten und Formen, der Erfindungen und Eroberungen.

Für alle, die sich mit Fossilien beschäftigen, liegt ihr Reiz auch darin, daß sie uns viel erzählen über die Entwicklung der Erde, über die Dynamik des Phänomens Leben und seine langsame Ausgestaltung sowie über den unschätzbaren Wert, aber auch die Gefährdung unserer gegenwärtigen biologischen Vergangenheit.

5

6

7

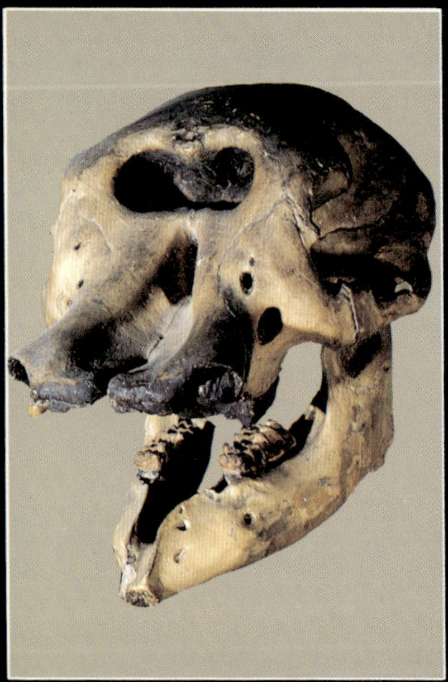

8

2
Die Fossilien-Zeugen der biologischen Vergangenheit

9

Was wäre unser Wissen über die Welt des Lebendigen ohne die Information, die uns die Fossilien bieten? Welche Gedankenmodelle über den Ursprung der Pflanzen, der Tiere und der Menschen wären möglich?

Als Beispiel können uns Ansichten dienen, die von vielen Gelehrten zu Beginn des 19. Jh. geteilt wurden: Man hielt das Naturgeschehen insgesamt für jung; das Pflanzen- und das Tierreich seien gleichzeitig und sofort in vollendeter und endgültiger Form entstanden. Die Organismen seien unfähig zur Anpassung, und jede Umweltveränderung müßte zum Erlöschen von Arten führen. Alle Lebewesen, auch der Mensch, hätten dasselbe Alter, schon historische Dokumente, wie die Bibel, könnten darüber Auskunft geben, und nur ein Schöpfungsakt könnte dies alles erklären.

Ohne die Kenntnis der Fossilien, den Zeugen aus der biologischen Vergangenheit, hätten die Philosophen andere Wege eingeschlagen, und auch unser Denken wäre anders. Leicht kann man sich davon überzeugen, wenn man an das Aufsehen denkt, das die unbestreitbaren Beweise vom Werdegang der Spezies Mensch, vom hohen Alter des Lebens und seiner langsamen Entwicklung über 3 Milliarden Jahre, im abendländischen Gedankengut und besonders bei den Kirchen hervorgerufen haben.

Die großen paläontologischen Entdeckungen waren aber auch wegweisend für die Geo- und Biowissenschaften. Häufig bezogen sie sich auf Informationen aus der fossilen Welt, um ihre Theorien zu stützen oder ihre Beweise zu verfeinern.

Die Bergbauindustrie profitierte ihrerseits umfassend von den Fortschritten der Paläontologie. Sie war gleichsam der Schlüssel zu unterirdischen Reichtümern und hat einen wichtigen Anteil an der modernen Wirtschaft, als Hilfe bei der Lagerstättensuche und bei der Ausbeutung von zahlreichen Bodenschätzen, wie den Kohlenwasserstoffen, den Kohlen und vielen anderen äußerst wichtigen Rohstoffen.

Die Wissenschaft von der Geschichte des Lebens ist und bleibt so eine sehr aktuelle Wissenschaft, einerseits durch ihre Forschungsergebnisse und deren Anwendung, andererseits jedoch auch als wesentliche Bereicherung unseres Wissens und unserer Kultur. Sie ist jünger als die Geologie, Botanik oder Zoologie und somit eine der jüngsten der großen wissenschaftlichen Disziplinen überhaupt. Obwohl die Fossilien schon seit Aristoteles bekannt sind, gibt es noch viel zu entdecken und auch sicherlich noch viele Überraschungen.

Erste Funde und der Versuch einer Interpretation

Zu allen Zeiten konnte der Mensch, in der Erde oder an der Oberfläche, Überreste von Lebewesen finden, die einen bestimmten Fossilisationsgrad erreicht hatten. Am häufigsten waren Meeresmuscheln. Sie wurden sogar in paläolithischen Gräbern gefunden, was vermuten läßt, daß die Menschen ihnen besondere Bedeutung zuerkannten.

Auch im griechischen Altertum war man sehr an Fossilfunden interessiert und versuchte, ihren Ursprung zu deuten. Dabei muß THALES VON MILET (639–546 v. Chr.) und sein Schüler ANAXIMANDER (610–546 v. Chr.) erwähnt werden, der Abdrücke von Meerestieren in den Felsen von Samos und Sizilien ausgetrockneten Meeren zuschreibt. Ovid zitierte in seinen Metamorphosen PYTHAGORAS (580–500 v. Chr.): „Ich habe Landstriche gesehen, die aus der Tiefe des Meeres aufgetaucht waren; denn vom Meer weit entfernt, gab es Ablagerungen von Meeresmuscheln." XENOPHON (430–354 v. Chr.) behauptet, eine Mischung von Land und Wasser habe sich allmählich zu Kontinenten und Meeren aufgeteilt, und er bringt als Beweis, daß man „mitten auf dem Land und im Gebirge Muscheln findet". Der Philosoph und Arzt EMPEDOKLES (490–430 v. Chr.) hielt Knochen von Flußpferden in Sizilien für die Knochen verschwundener Riesen. Sein Zeitgenosse HERODOT (484–425 v. Chr.) entdeckte in den Hügeln Ägyptens und der Wüste Libyens Muscheln und folgerte daraus: „Ägypten war vielleicht einmal eine Meeresbucht, in die das Mittelmeer bis Äthiopien eindringen konnte."

Den organischen Ursprung der Fossilien erkannt zu haben war ein großes Verdienst der griechischen Wissenschaft. Leider ließen andere Theorien mit verwirrenden Hypothesen nicht lange auf sich warten.

Ein Jahrhundert nach Herodot stellte ARISTOTELES (384–322 v. Chr.), als er das Nildelta bereiste, fest: „Es liegen nicht immer die gleichen Teile der Erde unter Wasser. Meer kann zu Festland, Festland zu Meer werden ..." Er, der Vertreter der „Urzeugung", glaubt an „Ausdünstungen" der Erde aufgrund der Sonnenwärme: „feuchte Ausdünstung" ließe Metalle entstehen, „trockene Ausdünstung" Fossilien! Arabische Kommentatoren greifen diesen Gedanken auf, von dem noch das Mittelalter stark beeinflußt wird.

THEOPHRASTES VON LESBOS (372–287 v. Chr.), Zeitgenosse und Schüler von Aristoteles, stellte eine noch merkwürdigere Theorie auf: „Die Erde läßt Knochen entstehen, und es gibt Steine aus Knochen ..."

Jeder organische Ursprung wird also abgelehnt. Diese Vorstellung wurde bis in die beginnende Neuzeit beibehalten.

In den Anfängen des Christentums versuchte auch der griechische Geograph STRABO (63 v. Chr. – 20 n. Chr.) den Ursprung der Fossilien zu erklären. Die hellenische Wissenschaft endete hier, und die römischen Dichter Lucrez, Horaz und Ovid übernehmen das griechische Gedankengut. PLINIUS DER ÄLTERE (23–79 n. Chr.) teilte die irreführende Auffassung von Theophrastes. In seiner „Naturgeschichte" erwähnt er bestimmte Fossilien (die „Ostraziten", die Austern gleichen, und die „Spongiten", schwammähnliche Gebilde). Er hält die Zähne fossiler Haifische für versteinerte Zungen und gibt ihnen den Namen *glossopetrae:* „Sie fallen bei Mondfinsternis vom Himmel." Plinius entdeckte aber als einer der ersten die Herkunft des Bernsteins als „Harz, das von einer Kiefernart heruntertropft".

Noch einige weitere Hypothesen ohne Originalität schließen sich denen der ersten Griechen an. Neue Erkenntnisse scheiterten an mangelndem Interesse und Aberglaube.

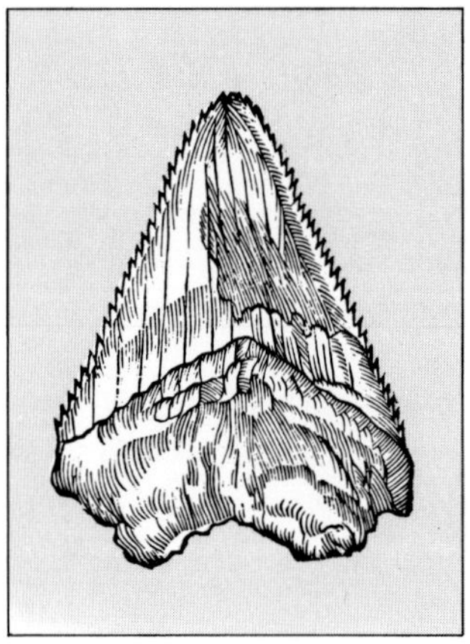

10

Bis ins 18. Jh. galten fossile Haifischzähne als Zungen versteinerter Schlangen oder Glossopetren. Plinius war der Meinung, daß sie bei Mondfinsternis vom Himmel fielen. Diese Abbildung aus dem Jahre 1648 stammt aus dem Werk „Museum metallicum" von Aldrovandi.

Natur und Legende

Da die Fossilien Lebewesen und Stein zugleich sind, waren sie seit jeher von Sagen umwoben. Sie entstanden in der Antike sowie im Mittelalter und reichen bis in die heutige Zeit hinein. Primitivere Völker schreiben bestimmten Fossilien magische Eigenschaften zu.

Die Völker der Antike glaubten, fossile Seeigel seien Steine, die der Himmel mit Donner und Regen ausgeschüttet habe, oder Schlangeneier, die vor Blitz und Gift schützen sollten. Ihre Stacheln nannte man „Judenstein" (die ersten waren in Judäa gefunden worden), „syrischen Stein" oder „Stab des heiligen Paulus". Man glaubte, daß sie Blasen- und Nierensteine heilen würden. Haifischzähne, die *glossopetrae* von Plinius, waren „Blitzstrahlen" oder versteinerte Zungen maltesischer Schlangen. Sie sollten Schlangenbisse, Erbrechen oder böse Fieberanfälle heilen.

Die fossilen Riffkorallen hießen lange „Sternsteine". Man glaubte, sie seien dem Kopf eines indischen Drachen entnommen und nannte sie „heilige Achate". Ihnen wurde auch eine heilende Wirkung bei Pest, Schlaganfall, Leber- und Lungenkrankheiten und giftigen Bissen zugeschrieben.

11

Der Volksglaube sprach den Fossilien schon immer übernatürliche Kräfte zu. Diese Amulette aus dem 19. Jh. wurden aus fossilen Säugetierzähnen, fossilen Riffkorallen und aus einer prähistorischen Pfeilspitze hergestellt.

4470

12

Fossiles Harz. Seine Durchsichtigkeit und seltene Farbgebung sagen ihm göttlichen Ursprung nach. Seit jeher war er wegen seiner Fossileinschlüsse von Sammlern sehr begehrt. Im Bernstein des Baltikums, der am häufigsten vorkommt, sind oft wunderbare fossile Insekten eingeschlossen.

Seit der Antike erweckten die Belemniten lebhaftes Interesse. Sie wurden für „Blitzsteine", versteinerte Pfeilspitzen und Urin eines Luchses gehalten. Dabei liefen sie unter den Namen „Finger des Berges Ida", „Teufelsfinger" oder „Finger des heiligen Petrus". AGRICOLA gab ihnen 1546 den griechischen Namen „belemnon", Geschoß. Sie waren lange Zeit ein beliebtes Heilmittel.

Die Ammoniten („Ammonshörner") glichen dem Horn eines Widders. Er war das Symbol einer ägyptischen Gottheit, Jupiter vergleichbar. Auch hielt man sie für zusammengerollte Schlangen, die die heilige Hilda, eine englische Äbtissin, in Stein verwandelt habe. Ihnen schrieb man ebenfalls lange eine heilende Wirkung zu.

Die fossilen Mollusken und die Brachiopoden wurden sehr oft in der Zauberkunst verwendet. Im Süden Marokkos sagte man damit die Zukunft voraus oder trug sie als Amulett. In England hieß die fossile Auster *Gryphaea arcuata,* Teufelskralle. Man verwendete sie als Heilmittel gegen Arthritis und Knochenkrankheiten. Die Muschelerden der Touraine waren bis in das letzte Jahrhundert Bestandteil religiösen und folkloristischen Brauchtums. In ländlichen Gegenden der Schweiz kommen heute noch fossile Brachiopoden in Kinderspielen vor. Fossile „Spiriferen" tauchen immer noch in chinesischen Arzneibüchern auf.

Nummuliten, ein häufiges Fossil in kalkigen Ablagerungen, wurden zu „Geldsteinen" oder „Hellersteinen". In Spanien hielt man sie für Geld einer ägyptischen Sphinx oder Hexe, in Frankreich für Geldstücke des heiligen Petrus oder des Teufels. In Mitteleuropa glaubte man, das Geld sei „durch ein Wunder zu Stein geworden, um den Feind zu blenden und die Flüchtenden zu schützen".

Der Bernstein nahm seit der Antike eine Sonderstellung ein und wurde vielfach gedeutet: z. B. als Tränen der Vögel des Meleagros oder als Tränen von Nymphen, die, in Weiden verwandelt, den vom Blitz getroffenen Phaeton beweinen; auch als „Saft" der Sonnenstrahlen oder Meeresschauer, ja sogar als hart gewordener Urin eines Luchses. Er wurde „Electrum" genannt (nach „Elector", einem der Sonnennamen). Man vermutete auch, die Sonnenstrahlen hätten ihn zum Schmelzen und das Meer wieder zum Erstarren gebracht. Seine unzähligen medizinischen Eigenschaften sind bis zum 13. Jh. von Bedeutung. Ein Chroniker schrieb: „Der Bernstein löscht Tränen, heilt Herz- und Geisteskrankheiten, Kurzatmigkeit, Gallen- und Nierensteine, Wassersucht, mangelnde Blutzirkulation, Gelenk- und Zahnschmerzen, Geburts- und Monatsschmerzen der Frau, Gicht, Epilepsie, Erkältungen, Magenbeschwerden, Pest, Vergiftungen, Hämorrhoiden usw. Er schützt vor

Alpträumen und senkt das Fieber. Seine Kräfte sind so wunderbar, daß man ihn Balsam Europas nennen könnte."

Die Überreste großer Wirbeltiere ließen Mythologien von furchterregenden Tieren mit übernatürlichen Kräften entstehen. So tauchen in ägyptischen, chinesischen, arabischen, madegassischen und neuseeländischen Legenden Riesenvögel auf, die im Quartär ausstarben.

Die Knochen der großen fossilen Säugetiere, besonders der Rüsseltiere, wurden lange Zeit für Überreste von Riesen gehalten, die in der Antike gelebt haben sollen. Die Sage der Zyklopen, denen man ein riesiges Auge auf der Stirn nachsagte, scheint auf Funden quartärer Elefantenschädel in Sizilien zu beruhen. Die Nasenöffnung wurde dabei als Zyklopenauge angesehen. BOCCACCIO berichtet von der Entdeckung des Zyklopen Polyphem. Man glaubte, in Kreta das Skelett von Orion, in Salamis das von Ajax entdeckt zu haben. Ähnlich gedeutet wurden auch die Backenzähne fossiler Elefanten in Frankreich, Deutschland und in der Schweiz.

Die Stoßzähne fossiler Elefanten schrieb man dem Einhorn zu und rühmte ihre medizinischen Eigenschaften. So wird berichtet, daß im Jahre 1700 der Hof von Württemberg 60 Stück kaufte!

Aus den Hörnern des Wollnashorns machte man Krallen des Vogels Greif. In chinesischen Heilbüchern werden sie als Gegengift gepriesen.

In Sibirien und der Mandschurei beziehen sich eine Reihe von Sagen auf Funde vollständig erhaltener Mammutkadaver, die im Eis eingefroren waren. Sie erzählen von einer Riesenratte, die sich unter der Erde fortbewege und dadurch Erdbeben erzeuge. Sobald sie das Tageslicht erblicke, müsse sie sterben.

Die Indianer hielten verkieselte Baumstämme, die man vereinzelt in Arizona findet, für die Knochen eines gigantischen Ungeheuers oder Waffen, die im Kampf zwischen Göttern und Riesen zerbrachen.

Es gibt noch eine Fülle anderer Beispiele dieser Art. Leider müssen die wenigen genügen. Es handelt sich um einen Bereich, der noch kaum untersucht wurde. Wegen seiner außergewöhnlichen Vielfalt wäre er sicher ein lohnendes Forschungsobjekt.

13

Haifischzähne kommen in zahlreichen Sedimenten vor. Sie fanden schon in der Antike besondere Beachtung. Das Material, aus dem sie bestehen, ist außerordentlich beständig. Diese Exemplare stammen aus den Ablagerungen von Sacaco (Peru) aus dem oberen Miozän.

Ophiomorphites.

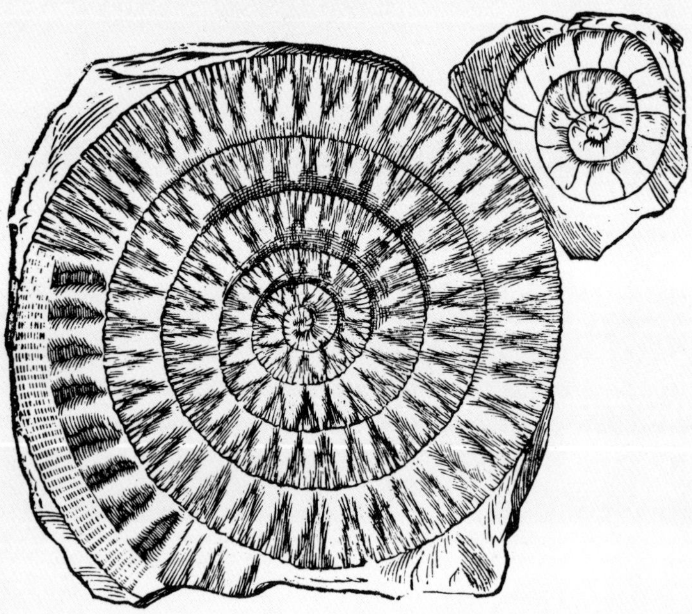

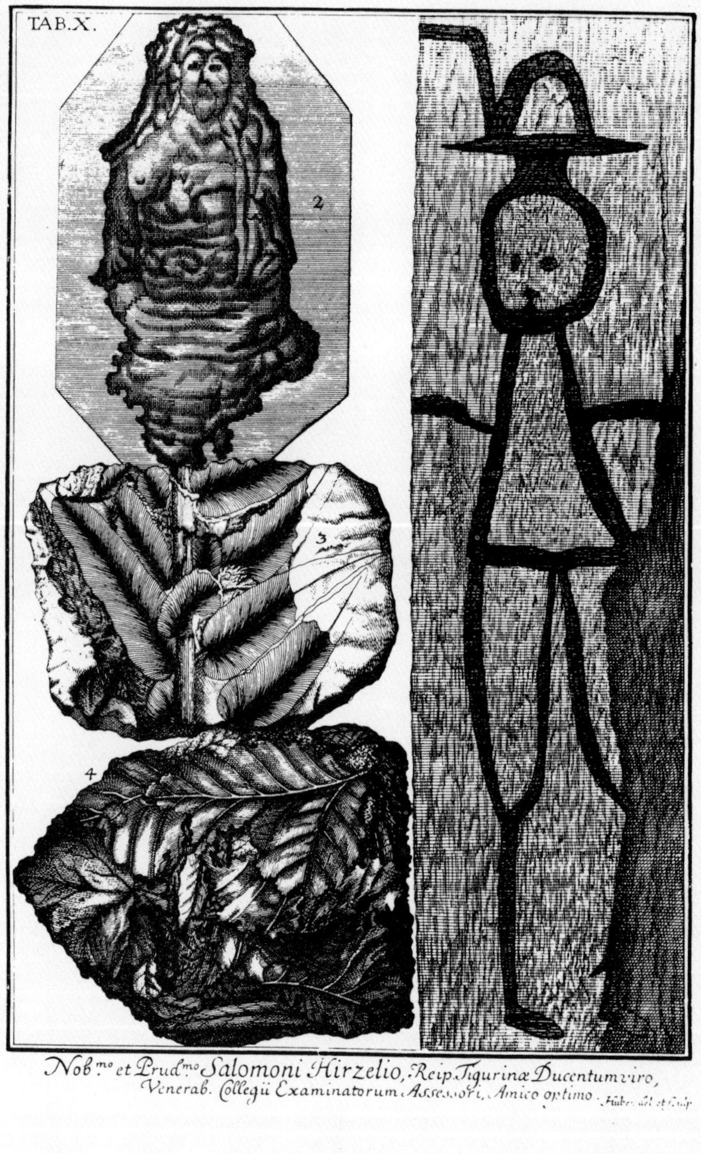

Nob.

Nob.^mo et Prud.^mo Salomoni Hirzelio, Reip. Tigurinæ Ducentumviro, Venerab. Collegii Examinatorum Assessori, Amico optimo. Huber del. et sculp.

„Spiele der Natur“ oder „mißlungene Versuche der Schöpfung“?

Zunächst zeigten die mittelalterlichen Akademien des Abendlandes kein großes Interesse an der Geschichte der Erde oder der Erforschung der Fossilien. Zu zahlreich waren die Kriege und zu drückend die religiösen Vorurteile. Es waren die Araber als Vertreter einer expandierenden Zivilisation, die die Texte der Antike wieder aufgriffen und übersetzten.

AVICENNA (980–1037), ein persischer Philosoph und Arzt, studierte als einer der ersten die Hypothesen des Aristoteles. In seiner Abhandlung „De Mineralibus“ erkannte er einen Zusammenhang zwischen Fossilien und Lebewesen. Aber er erklärte die Steingebilde mit Hilfe einer „mineralisierenden Kraft“, der *„vis labidifica“*, welche von einem Urschlamm ausgeht.

Die Kirche dagegen hielt die Lehre des Aristoteles für gefährlich und verbot sie 1215. Aber schon 1231 wurde sein wissenschaftliches Werk rehabilitiert und danach an der Universität von Paris gelehrt. Seine „Meteorologia“ diente als Grundlage der mittelalterlichen Geologie.

Auch der Dominikaner ALBERTUS MAGNUS (1193–1280) übersetzte und kommentierte die Schriften der Antike. In seinem Werk „De Mineralibus et Rebus metallicis“ (1260) erkannte er in Übereinstimmung mit Avicenna, daß „Tiere völlig zu Stein werden können“. Sonne und Sternen schrieb er eine mineralisierende Kraft zu, eine *vis labidifica* oder *virtus formativa.*

Bis dahin wurde die organische Natur der Fossilien nicht angezweifelt. Aber dann geschah etwas Unverständliches in der wissenschaftlichen Welt: Nach und nach sprach man den Fossilien die natürliche Entstehung ab.

Von zahlreichen Fachleuten wurde ein außerirdischer Einfluß anerkannt. So von Nicolo MANETTI, der im 14. Jh. über einen Fund von Pflanzenabdrücken schrieb: „Im Laufe der Zeit und unter dem Einfluß von Sonne und anderen Himmelskörpern sind diese Steine geworden.“ Georg BAUER, AGRICOLA genannt (1494–1555), vertrat die Meinung, daß die Versteinerungen von Tieren und Pflanzen durch die Wirkung eines *succus lapidescens* entstanden seien. Ein Zeitgenosse, der Anatom Gabriel FALLOPPIO (1532–1562), glaubte, daß Erddämpfe (Exhalationen) die Fossilien hervorbringen würden.

14 15 16
Durch Jahrhunderte hindurch wurden die Fossilien äußerst fantasievoll interpretiert. Dies bezeugen die Ammoniten- und Fischzeichnungen aus dem Jahre 1648 im Werk „Museum metallicum“ von Aldrovandi und der Kupferstich aus dem „Herbarium diluvianum“ von Scheuchzer (1723). Beobachtungen und eigene Vorstellungen werden bedenkenlos miteinander vermengt.

Ähnliche Deutungen lassen sich bis ins 17. Jh. hinein verfolgen. Man sprach von einem „Saft", der eine versteinernde Fähigkeit besitzt; von einer Assimilationskraft oder einer Versteinerungskraft. Man dachte an winzige Samen, die das Wasser bis tief ins Erdinnere verfrachtet hat. Die Hitze ließe sie dort auskeimen, töte aber dann die Organismen ab, so daß nur noch ihre Überreste zu finden seien. Eine solche Meinung wurde zum Beispiel von Edouard LWHYD vertreten, der 1699 eine Beschreibung von 1600 fossilen Tieren und Pflanzen Englands veröffentlichte. Im selben Geiste schrieb G. F. MARALDI 1706: „Es gibt unterirdische Fische, wie es unterirdische Gewässer gibt."

Um wieviel besser wäre es gewesen, 2000 Jahre zurückzugehen, zu den Theorien des Aristoteles! Louis BOURGET sagte 1729: „Die Philosophen suchten viele Gründe, um die Entstehung der Fossilien zu erklären: Urzeugung, Abdrücke, Samen und hundert ähnliche Dinge."

Es gab noch andere pseudowissenschaftliche Konzepte. Spontan sollten die Fossilien im Schoß der Erde entstanden sein, durch eine *vis plastica* oder im Fels unter Mitwirkung einer *materia pinguis.* Im 17. Jahrhundert schrieb der Engländer Martin LISTER: „Diese muschelförmigen Steine waren immer nur Steine *(lapides sui generis)* und nie Teile von Tieren. 1708 stellte der Schweizer Karl Nikolaus LANG eine Fossilsammlung vor, die er Figurensteine nannte. Die Fossilien waren herabgesunken zu Naturspielen *(„ludus naturae")*, zu wunderlichen, zufälligen Erscheinungen. 1700 erging es selbst einem Elefantenskelett nicht besser, welches 1696 in Thüringen gefunden und von dem englischen Arzt Charles LEIGH beschrieben wurde.

Das Wissen über Firgurensteine wurde zusammen mit Mineral- und Gesteinskunde gelehrt. Aberglaube war im Spiel und fügte Dämonen und Phantasiefiguren hinzu. In dem Werk „Mundi subterranei" von Anastasius KIRCHNER (1678) wurden die Naturwissenschaften in die Nähe der Alchemie gestellt, die Fossilien in die der Drachen. Sie wurden als Mißerfolge des Schöpfers angesehen, wenn sie nicht gar der Satan gemacht hatte, um sich mit Gott zu messen.

1766 wurde auch dies, einmal mehr, in Frage gestellt. E. BERTRAND schrieb folgendes: „Die fossilen Fragmente sind Figurensteine, welche Gott ins Gestein eingefügt hat; er wollte Harmonie in sein Werk bringen und Ausgewogenheit zwischen die Wesen, welche im Wasser, auf der Erdoberfläche oder im unterirdischen Bereich leben."

Fossilien und die Sintflut

Die Fossilien wurden auch für Lebewesen gehalten, die auf natürliche Weise versteinert waren. Schon die alten Griechen vertraten diese Auffassung. Sie geriet jedoch wieder in Vergessenheit. Als sie erneut Fuß zu fassen schien, wurde sie auf Irrwege geleitet: Muscheln und Fische im Gebirge seien durch die Sintflut entstanden, die alles überschwemmt habe.

Einer der Hauptautoren, die sich im 13. Jh. mit Geologie beschäftigen, ist der Italiener Ristoro d'ARREZO. In seiner „Compositione del Mondo“ schreibt er: „Als wir den Gipfel eines hohen Berges untersuchten, entdeckten wir Sedimente, die wie Flußablagerungen aussahen: Sand, gerundete Steine und Fischknochen lagen dicht beieinander. Das ist ein sicheres Zeichen, daß dieser Berg durch die Sintflut entstanden ist.“ Diese Theorie läuft gleichwertig neben der Theorie der „Urzeugung“ und gewinnt immer größere Anhängerschaft. Im 12. und besonders im 13. Jh., als sehr viele naturwissenschaftliche Werke erscheinen, beeinflußt die biblische Auffassung alle Theorien der Erdgeschichte, so daß man geradezu von einer „Schule der Sintflut“ sprechen kann. Als Anhänger der Sintflutschule schreibt der Schweizer Naturforscher Johann Jacob SCHEUCHZER (1672–1733) 1708: „Die Fossilien sind nicht Spiele der Natur, sondern gehören zum Tierreich.“ Die große Entdekkung war eine Versteinerung, die 1726 in einem Steinbruch bei Konstanz gefunden wurde. Sie zeigte Teile eines menschlichen Kopfes. Scheuchzer übernimmt die Fossilbeschreibung und nennt sein Fossil *Homo diluvii testis.* Für ihn war die „Wahrheit der großen Sintflut nie klarer als jetzt“. Erst 1787 entdeckte der Anatom CAMPER in diesen Überresten eine „versteinerte Eidechse“. 1825 bestätigt CUVIER, daß es sich nur um einen riesigen Wassersalamander unbekannter Art handelte.

Der englische Arzt John WOODWARD (1665–1722) verfaßt eine „Naturgeschichte der Erde“, der eine „Geschichte englischer Fossilien“ folgt. Er glaubte, daß „die ganze Erdoberfläche aufgeweicht und diese teigartige Masse von Muscheln durchbohrt wurde“.

Es ist die Zeit zahlreicher Funde von Muscheln und Fischen, aber auch von Knochen und Zähnen großer Wirbeltiere.

1729 läßt Louis BOURGET in Frankreich eine „Abhandlung über die Erdgeschichte“ drucken, und 1742 eine „wissenschaftliche Arbeit über Versteinerungen“, in der er eine spontane Entstehung völlig ablehnt.

Mit großer Genauigkeit beschreibt er Sedimentgesteine und neu aufgefundene fossile Arten. Leider bringt er keine neuen Erkenntnisse. Seine Schlußfolgerungen gleichen den pseudo-wissenschaftlichen Spekulationen seiner Zeit. Er kann sich die Verteilung der Fossilien nur durch eine Überschwemmung der ganzen Erdkugel, der Sintflut, erklären, von der die Heilige Schrift berichtet. Diese allumfassende Katastrophe sei durch göttlichen Zorn über die Verderbnis der ersten Menschen entstanden. So stellen die Fossilien eine Warnung für die Bewohner der zweiten Erde dar.

Diese philosophischen und phantasiereichen Vermutungen breiteten sich im 18. Jh. aus. Sie tauchen 1755 in ARGENVILLES „Paläontologie" auf, ein umfassendes Werk, das „Länder, Steine, Metalle und andere Fossilien behandelt".

Es erstaunt uns heute, welchen Wahrheitsgehalt man damals den Theorien zuschrieb, die mehr theologischer als wissenschaftlicher Natur waren. Inzwischen hatten lebhaftes Interesse und intensive Beobachtung andere Auffassungen aufkommen lassen, die langsam den wahren Hintergrund der Fossilien und der Erdgeschichte erkannten.

Entstehung und Entwicklung der Paläontologie

Seit dem 13. Jh. regte der englische Naturphilosoph Roger BACON durch sein „opus maius" zum Forschen und Experimentieren an. Darin distanzierte er sich von der Auffassung der Völker der Antike und erschloß der Wissenschaft neue Wege. Zu dieser Zeit waren verschiedene Theorien über die Entstehung der Gebirge und Ablagerungen der Sedimente im Gespräch. Die geologischen Ansichten von Albert DE SAXE, der 1357 Rektor der Pariser Universität war, beeinflußten Leonardo DA VINCI (1452–1519). Er untersuchte die Fossilien und vertrat als erster einen ernsthaften wissenschaftlichen Standpunkt, indem er sowohl die „Urzeugung" als auch den „Sintflutgedanken" verwirft. In Italien fand seine Theorie jedoch kaum Beachtung.

1517 wurden dann beim Bau der Zitadelle von Verona zahlreiche fossile Muscheln entdeckt, und der Arzt und Physiker Girolamo FRASCATORO unterstützte die Theorie, daß sie echte Meerestiere seien, die in ihrem Lebensraum abgelagert worden waren.

Auf Frascatoros Bestrebungen entstanden in Italien die ersten naturwissenschaftlichen Sammlungen. M. MERCATI katalogisierte 1574

17

Im Jahr 1648 veröffentlichte Aldrovandi aus Bologna sein Werk „Museum metallicum". Neben Mineralien, Kristallen und Konkretionen beschrieb er zahlreiche fossile Wirbellose, ja sogar Elefantenzähne; den einen wie den anderen billigte er überraschende und seltsame Eigenschaften zu.

die reiche Sammlung des Papstes Sixtus V. unter dem Namen „Metallotheca Vaticana".

In dieser Zeit wurden noch andere bedeutende Sammlungen angelegt, wie 1585 das „Museum metallicum" des U. ALDROVANDI.

Zur gleichen Zeit durchwandert der Franzose Bernard PALISSY ein „einfacher Töpfer, der weder Latein noch Griechisch verstand", die Saintonge, Touraine, Ardennen und Champagne bis zum Rhein und in die Niederlande. Er beobachtet, sammelt und zeichnet Muscheln und versteinerte Fische und bringt bestimmte Fossilformen mit lebenden Arten in Zusammenhang. Von 1578 bis 1584 hält er sich in Paris auf und behauptet vor allen Wissenschaftlern der Hauptstadt, daß die Fossilien keine „Spielereien der Natur" seien, sondern Überreste von Lebewesen, die dort lebten, „als die heutigen Felsen noch wäßriger Schlamm waren". Man schenkt Palissy keine Beachtung, sondern wirft ihn als Hugenotte in die Bastille.

1590 wurde von Zacharias JANSEN das Mikroskop erfunden. Dies bedeutete für die Naturwissenschaft eine wertvolle Bereicherung. Robert HOOKE (1635–1703) untersuchte damit kleine Fossilien, wie die Foraminiferen und verkieselte fossile Hölzer; er schloß daraus: „Es gibt wahrscheinlich verschiedene Formen eines Typs, je nach Klima, Bodenart und Ernährung." Diese neue Richtung war der Paläontologie von großem Nutzen.

Zur gleichen Zeit stellt der Däne Niels STENSEN (1638–1686) die Grundprinzipien moderner Stratigraphie auf, wie Ablagerung und Überlagerung mariner Sedimente, Faltungen, Diskordanzen und das Alter ihrer Entstehung.

Die Fossilien, die vorher nur als Kuriosität untersucht worden waren, werden im 17. Jh. zu echten Forschungsobjekten. Wichtige Sammlungen werden aufgebaut und der Öffentlichkeit vorgestellt.

Es fehlte aber immer noch ein brauchbares Ordnungssystem, um erloschene Formen mit lebenden Formen zu vergleichen. Der schwedische Naturforscher Carl von LINNÉ (17707–1778) bestimmte Arten und Gattungen in einer „binären Nomenklatur", die heute noch verwendet wird. Diese Nomenklatur wurde auf die Fossilien ausgedehnt, die nun endlich im System des Lebendigen voll integriert wurden.

Ungelöst blieb noch die Frage nach dem Alter der Fossilien. Georges Louis Leclerc de BUFFON (1707–1788) erkannte als erster die Ausmaße geologischer Zeiträume. Er verfaßte 1749 eine „Erdlehre" und 1778 eine Schrift „Epochen der Natur". Er schreibt: „Die Schichten entstanden durch Sedimentation des Wassers in Tausenden von Jahren und nicht in den 40 Tagen der Sintflut." Sein Verdienst war es, in Fossilien schon seit langem ausgestorbene Tierarten erkannt zu haben, was eine geologische Zeiteinteilung sehr erleichterte. Einige Naturwissenschaftler versuchten nun, die Sedimente und die darin enthaltenen Fossilien in einen zeitlichen Zusammenhang zu bringen. Alexander BRONGNIART (1770–1847) bestätigte, daß jeder Zeitabschnitt durch besondere Fossilien gekennzeichnet sei. Die stratigraphische Paläontologie entstand.

Georges CUVIER (1769–1832) versuchte die Unterschiede zwischen fossilen und lebenden Organismen zu erklären. In seinem 1825 erschienen Werk „Über die umwälzenden Veränderungen auf der Erdoberfläche" schreibt er: „Die Erde wurde oft von schrecklichen Katastrophen heimgesucht, denen zahlreiche Lebewesen zum Opfer fielen. Dabei wurde alles Lebendige vernichtet und es entstanden völlig neue Tier- und Pflanzenarten." Alcide d'ORBIGNY (1802–1857), Cuviers Schüler und Begründer der stratigraphischen Paläontologie, baute seine einzelnen Stufen auf 27 Katastrophen auf.

Eine solche Theorie, die den Gang der Erdgeschichte in voneinander unabhängige Abschnitte zerreißt, lehnt jede Evolution ab. Cuviers Theorie galt deshalb als fixistische Lehre. Er war ein bekannter Anatom. Als erster bemerkte er das Zusammenspiel der verschiedenen Organe eines Lebewesens und die Ähnlichkeit der Organe bei verschiedenen Tierarten: „Auch Bruchstücke eines Lebewesens geben uns Auskunft über den gesamten Organismus." Diese vergleichende Methode wendete man am Skelett an, und mit Hilfe von Analogieschlüssen ließen sich, von rezenten Wirbeltieren ausgehend, ausgestorbene Wirbeltiere rekonstruieren. 1812 veröffentlichte Cuvier seine berühmten „Untersuchungen der fossilen Knochen von Vierfüßlern". Er wird der Begründer der vergleichenden Anatomie und Paläontologie der Wirbeltiere.

18

Polierter Stein der Aulopora serpens, *Riffkoralle des deutschen Devon. Ungenügende wissenschaftliche Kenntnisse führten oft zu naiven und bildreichen Beschreibungen, wie hier auf dem Etikett von 1836. „Rote Marmortafel, deren rote Adern eine Blume mit voll entfalteten Blütenblättern darstellt."*

Eine neue Weltsicht

Es war Charles LYELL (1797–1875), der der Katastrophentheorie von CUVIER den Todesstoß versetzte. An einer großen Zahl von Beispielen demonstrierte er, wie sich alle Veränderungen – die Transformationen–, von denen die geologischen Schichten berichten, durch ziemlich einfache Vorgänge erklären lassen, welche auch noch heute in derselben Form ablaufen.

Die „Transformationstheorie", deren erste Ansätze schon bei Buffon zu finden sind, mußte jedoch noch präziser gefaßt werden – in der Evolutionstheorie.

Sie war es, welche die Fundamente des damaligen Gedankengebäudes erschütterte.

Jean-Baptiste Lamarck (1744–1829) sah als einer der ersten die Notwendigkeit, die jetzigen Lebewesen mit den fossilen zu verknüpfen; in seiner „Philosophie zoologique" ließ er, ausgehend von den Infusorien und Würmern, eine Art aus der anderen hervorgehen. Jede Veränderung der Umgebung wird von den Lebewesen mit Modifikationen beantwortet, die weitervererbt werden können. „Alles, was die Natur dem Indiviuum gibt oder nimmt ... daß Organe unter Beanspruchung wachsen oder wegen Nichtgebrauch verkümmern, wird an die nächste Generation weitervererbt." Für Lamarck gab es keine Katastrophen und keine Brüche, sondern ein Kontinuum vom Beginn des Lebens bis in die Gegenwart. Diese Theorie ist eine der Quellen auf die sich Charles Darwin (1809–1882) stützte. Nach ihm führen jedoch nicht Modifikationen zu einer morphologischen Anpassung, sondern eine natürliche Selektion, bei der die besser angepaßten Arten als einzige überleben. Darwin veröffentlichte seine Theorie in dem Werk: „Über den Ursprung der Arten durch natürliche Auslese oder der Existenzkampf in der Natur".

Während Lamarck bei seinen Zeitgenossen auf taube Ohren stieß, hatte Darwin bei den zeitgenössischen Wissenschaftlern Erfolg. Andere große Geister jener Zeit brachen in Proteststürme aus, da sie nicht bereit waren ein Prinzip anzuerkennen, welches „die Schöpfung mit ihrem Schöpfer" vereint oder „die Menschen in die Verwandtschaft der Affen rückt". Die Empörung erreichte ihren Höhepunkt als Darwin, ermutigt durch andere gleichgesinnte Wissenschaftler, 1871 sein Werk: „Die Abstammung des Menschen", herausbrachte. Am meisten warf man ihm vor, daß er die besondere von Gott gegebene Stellung des Menschen erschüttere.

Das Werk Darwins, das eine „explosive Mischung von Wut, Überraschung und Bewunderung" hervorbrachte, so die Worte einer damaligen Chronik, hatte nicht absehbare Folgen für Geist und Wissenschaft.

Im Laufe der Zeit erschienen immer mehr Arbeiten über den Ursprung der Arten, über den Verlauf der Evolution und über die

Vorfahren der Menschen. Bald stellte es sich heraus, daß die Evolutionstheorie nicht nur die Entstehungsgeschichte im engeren Sinne umfaßte. Sie beeinflußte auch andere Fragen, wie die des freien Willens oder der „physischen Grenze" zwischen Mensch und Tier.

Alle zeitgenössischen Denkrichtungen und besonders die modernen Wissenschaften wurden mehr oder weniger durch den Geist der Transformationsidee beeinflußt, da sie die Welt unter einem neuen Blickwinkel, der Evolutionstheorie, zeigte.

Seitdem der Begriff „Evolution" anerkannt ist, setzt sich die Erkenntnis durch, daß sich das gesamte Universum in einer dauernden Entwicklung befindet: der Raum und die Energie, die Materie und das Leben, und auch der Mensch.

19

Lepidotes elvensis, *ein Knochenfisch aus dem germanischen Lias. Dieser Typ, welcher am Ende der Kreide erlischt, stellt ein Zwischenstadium dar auf dem Weg zu unseren heutigen Fischen. Bemerkenswert ist die schöne Erhaltung der Schuppen.*

Die moderne Definition

Was versteht man nun genau unter einem Fossil?

Bis zum Ende des 18. Jh. hielt man sich eng an die lateinische Wortbedeutung und erklärte alles zum Fossil, was man aus der Erde gewinnen konnte, Mineralien *(fossilia nativa)* ebenso wie die Überreste von Organismen *(fossilia petrificata)*.

Heute gilt dieser Begriff, um es genau zu sagen: „für die Zeugen des Lebens aus geologischen Epochen", damit sind die Reste von Pflanzen und Tieren ebenso gemeint, wie die Spuren ihrer Tätigkeit (Überreste von organischen Stoffen, Fußabdrücke, Lauf- und Grabspuren.) Zur Neuzeit hin läßt man die Geologie als Geschichtswissenschaft beim Jahr 4000 enden (dem Beginn der Zeitgeschichte im engeren Sinne); jüngere Organismenreste werden Subfossilien genannt.

Das Studium der Fossilien und der Fossilisation ist Aufgabe der Paläontologie (von παλαιός, ehemalig; ὤν, Sein; λόγος, Rede). Heute ist sie in mehrere Zweige aufgespalten: in Paläobotanik, Paläozoologie, Humanpaläontologie und die Mikropaläontologie.

Jeder dieser Zweige ist noch in spezielle Forschungsrichtungen unterteilt, welche auch zwischen verschiedenen Disziplinen vermitteln können: Die Paläoökologie beschäftigt sich vorwiegend mit der Lebensweise der Fossilien und der Rekonstruktion des verschwundenen Lebensraumes. Die Paläobiogeographie untersucht die räumliche Verteilung der Organismen in den einzelnen Epochen, die Paläobiologie die Physiologie der verschwundenen Arten.

20 21

Im Perm hinterließen kleine Stegocephalen (primitive Amphibien) ihre Fußabdrücke im Schlamm eines Sumpfes, der sich damals in der Gegend von Lodève (Frankreich) ausbreitete. Es ist heute eine der seltenen Stellen, wo ein fossiler Boden aufgeschlossen ist.

Die Forschungsmöglichkeiten der fossilen Welt und die verschiedenen Erscheinungen, die einer Erklärung harren, schaffen ein vielfältiges Netz von Beziehungen, sei es zur besseren Kenntnis von Naturerscheinungen, sei es für die praktische Anwendung, die sich daraus ergibt.

Was konnte die Paläontologie den Geo- und Biowissenschaften geben?

Da die Paläontologie biologische Erscheinungen und die damit verbundenen Sedimentationsprozesse untersucht, bildet sie ein Bindeglied zwischen Geo-, Bio- und sogar Humanwissenschaften, wenn man die Humanpaläontologie dazu nimmt. Unser heutiges Wissen über die dynamische Entwicklung unseres Planeten, über die Vielfalt des Lebens und die Stellung des Menschen hat sie entscheidend beeinflußt.

Ohne die grundlegende Kenntnis der Fossilien wäre es praktisch unmöglich gewesen, die Abfolge der geologischen Schichten in ein System zu bringen, auch die Zeitskala oder die Schichtkorrelation zwischen benachbarten Gegenden oder sogar zwischen Kontinenten wäre kaum möglich gewesen.

Zeitbegriffe, wie Ära, Periode oder System, Stufe und Zone, beruhen fast ausschließlich auf der Auswertung von fossilem Material. Sie lassen sich an jeder beliebigen Stelle der Erde anwenden und ihre Handhabung wird durch die Arbeit von Paläontologen aller Länder laufend präziser. Auch beim Aufstellen von Abbauplänen und der Ausbeutung von sedimentären Minerallagerstätten wird meist eine Fossilbearbeitung eingeschaltet; so besonders im Kohlenbergbau und bei der Erdölgewinnung aber auch beim Abbau von Eisenoolithen, welche unter speziellen biologischen, physikalischen und chemischen Bedingungen entstanden sind. Auch abbauwürdige Lagerstätten von Kupfer, Blei, Vanadium und Uran sowie einiger anderer Minerale stehen oft in enger Beziehung mit besonderen paläogeographischen und biosedimentären Bedingungen. Oft ist eine Fossilbearbeitung auch bei der Suche nach Phosphaten, Schwefel und Gips sowie Kalken und Tonen besonderer Qualität von entscheidendem Nutzen.

Die Beurteilung geologischer Zeiträume, in absoluter oder relativer Zeiteinteilung, stützt sich vorwiegend auf die biostratigraphischen

Zeitmarken, die Fossilien. Manchmal dienen sie sogar als Eichmarken für Altersbestimmungen, die auf dem Zerfall radioaktiver Elemente beruhen.

Als Alfred WEGENER 1912 seine Kontinentalverschiebungstheorie veröffentlichte, worin er unsere heutige Landverteilung von dem Zerfall und Auseinanderdriften eines einzigen Kontinentes herleitet, stützte er sich in hohem Maße auf paläontologische Beweise. Wie man weiß, hatte diese Arbeit einen hervorragenden Einfluß auf die Plattentheorie der Geophysiker, welche von einer Ausdehnung des Meeresbodens ausgehen.

Die Paläoökologie, die die Beziehungen der fossilen Lebewesen untereinander und zu ihrem Lebensraum untersucht, wird zunehmend wichtiger, da sie uns über die Grundlagen unseres gegenwärtigen ökologischen Gleichgewichtes aufklärt. Unsere natürliche Umgebung und der Nutzen, den wir daraus ziehen – der Rahmen unseres Lebens –, ist nichts weiter als das gegenwärtige, instabile Ergebnis einer langen Reihe von Veränderungen, die die Umweltbedingungen auf der Erde seit Beginn der geologischen Zeit modelliert haben.

Die Paläobiogeographie, die Lehre von der Verteilung der fossilen Populationen auf der gesamten Erde und zu verschiedenen geologischen Perioden, erklärt uns in großen Zügen die jetzigen Vorkommen von Pflanzen und Tieren auf den verschiedenen Erdteilen.

Die große Frage nach der Entstehung des Lebens läßt sich dank der Paläontologie zunehmend genauer beantworten, und sie unterstützt dabei ähnlich ausgerichtete Forschungen der Biochemie und Geochemie.

Die Evolutionstheorie wird heute unwidersprochen von den verschiedenen Schulen anerkannt (Lamarckismus, Darwinismus). Die Rekonstruktion von fossilen Verwandtschaftsreihen untermauert sie und hat sie davor bewahrt als unbelegbare Hypothese abgewertet zu werden.

Die Einteilung der Pflanzen und Tiere in Ordnung, Familie, Gattung und Art, die Systematik, welche in gewisser Weise einen „Evolutionskatalog“ darstellt, wäre wahrscheinlich eine zufällige Zusammenstellung geblieben, ohne die Hilfe der Paläontologie, denn sie hat es ermöglicht, unsere heutigen Formen über ihre Entwicklungsgeschichte zu verknüpfen.

Der biologische Begriff der Art wird neuerdings an die Dynamik der pflanzlichen und tierischen Populationen gebunden. Wieder war es die Paläontologie, welche mit zahlreichen, statistisch abgesicherten Beispielen zu seiner Definition beitrug und durch die Länge des beobachteten Zeitraumes genetische Gesetzmäßigkeiten offenbarte, welche die Untersuchung weniger Generationen nicht erkennen läßt, denn dadurch wird nur ein kleiner Ausschnitt aus dem Entwicklungsgeschehen des Lebens sichtbar. Wie eine Vielzahl anderer Naturerscheinungen benötigt die Speziation (die Umwandlung einer Art in eine neue) so lange Zeiträume, daß das „lebende Laboratorium", unsere gegenwärtige Natur, nur Teile dieses Vorganges sichtbar werden läßt.

Die geologischen Serien stellen dem Forscher ein reiches Material über die Entwicklung von Pflanzen und Tieren zur Verfügung. Die schrittweise Anpassung von Organen, die Gelenkmechanik und die Zusammenhänge von Knochen, Statur und Fortbewegung ermöglichen es der Paläontologie unsere Kenntnis über den Zusammenhang von Funktion und Morphologie ebenso zu vertiefen wie über die vergleichende Anatomie. So zeigte uns die Entwicklungsgeschichte des Menschen, wie das wachsende Gehirnvolumen und der aufrechte Gang mit den ganzen anatomischen und psychischen Folgeerscheinungen in einer engen Verbindung stehen.

22

23

24

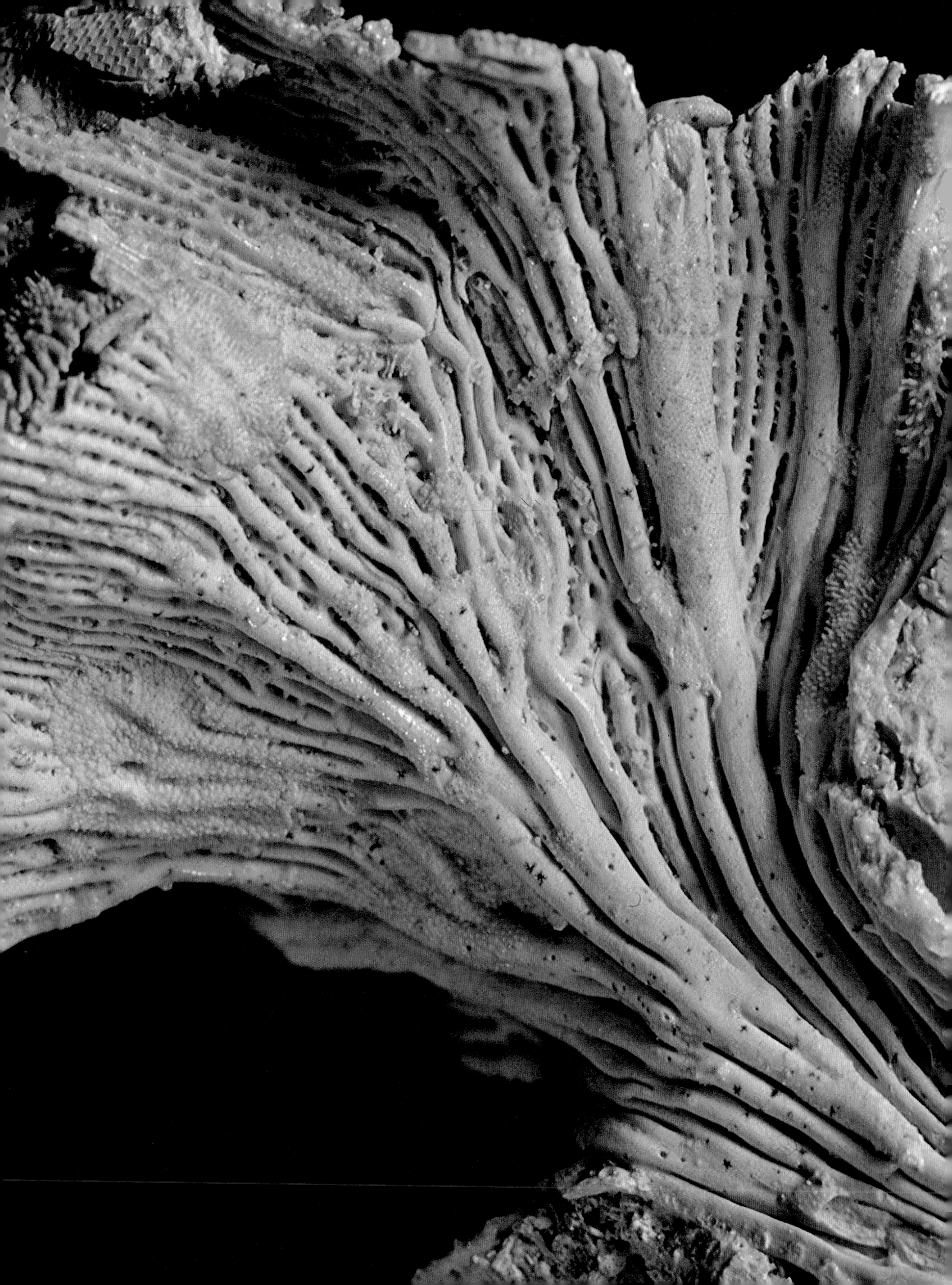

25

26

27

28

29

30

B13

31

32

33

34
35
36

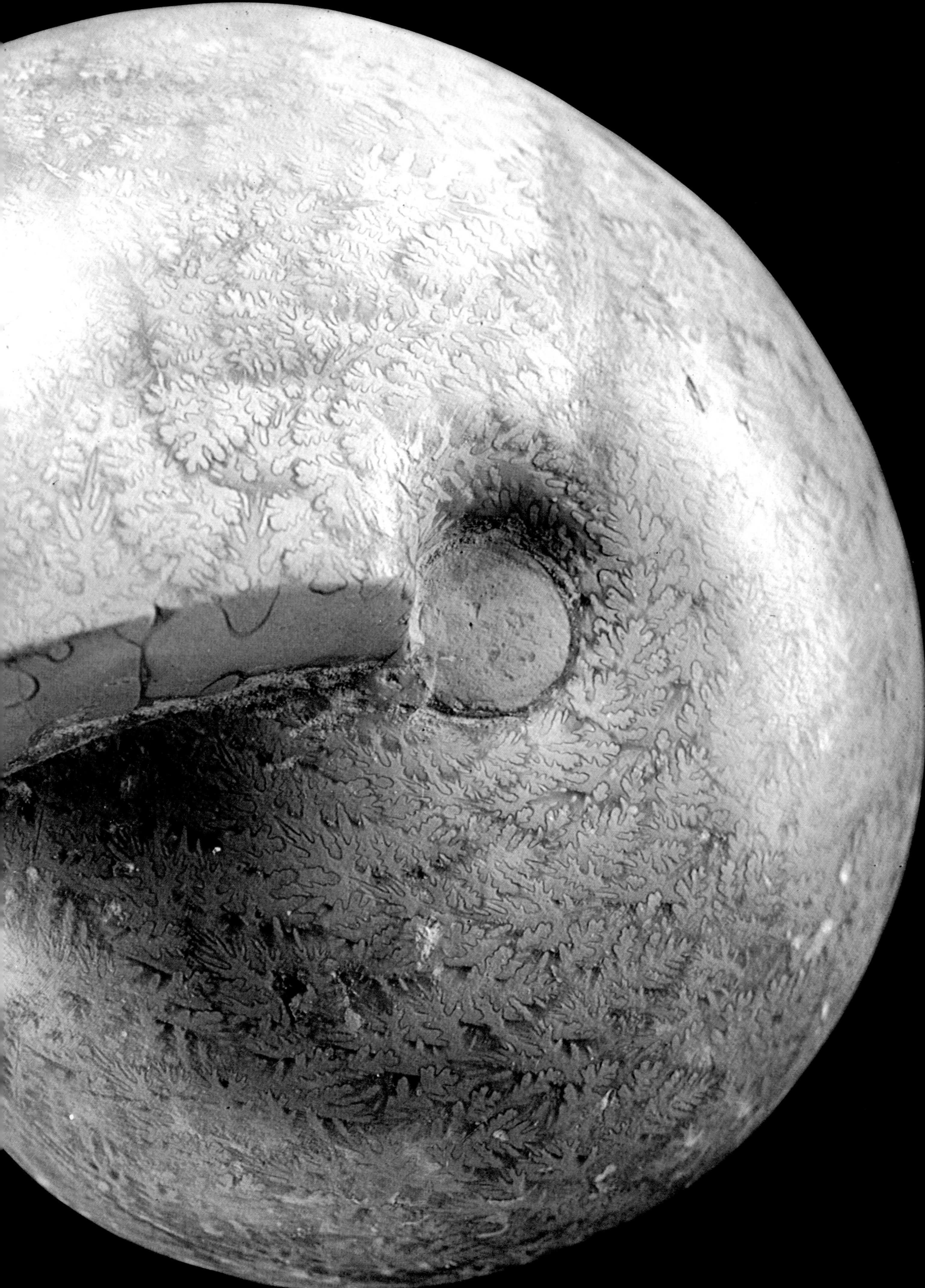

37

38

39

40

41

42

44

45
46

3
Die Fossilisation, ein bemerkenswerter Vorgang

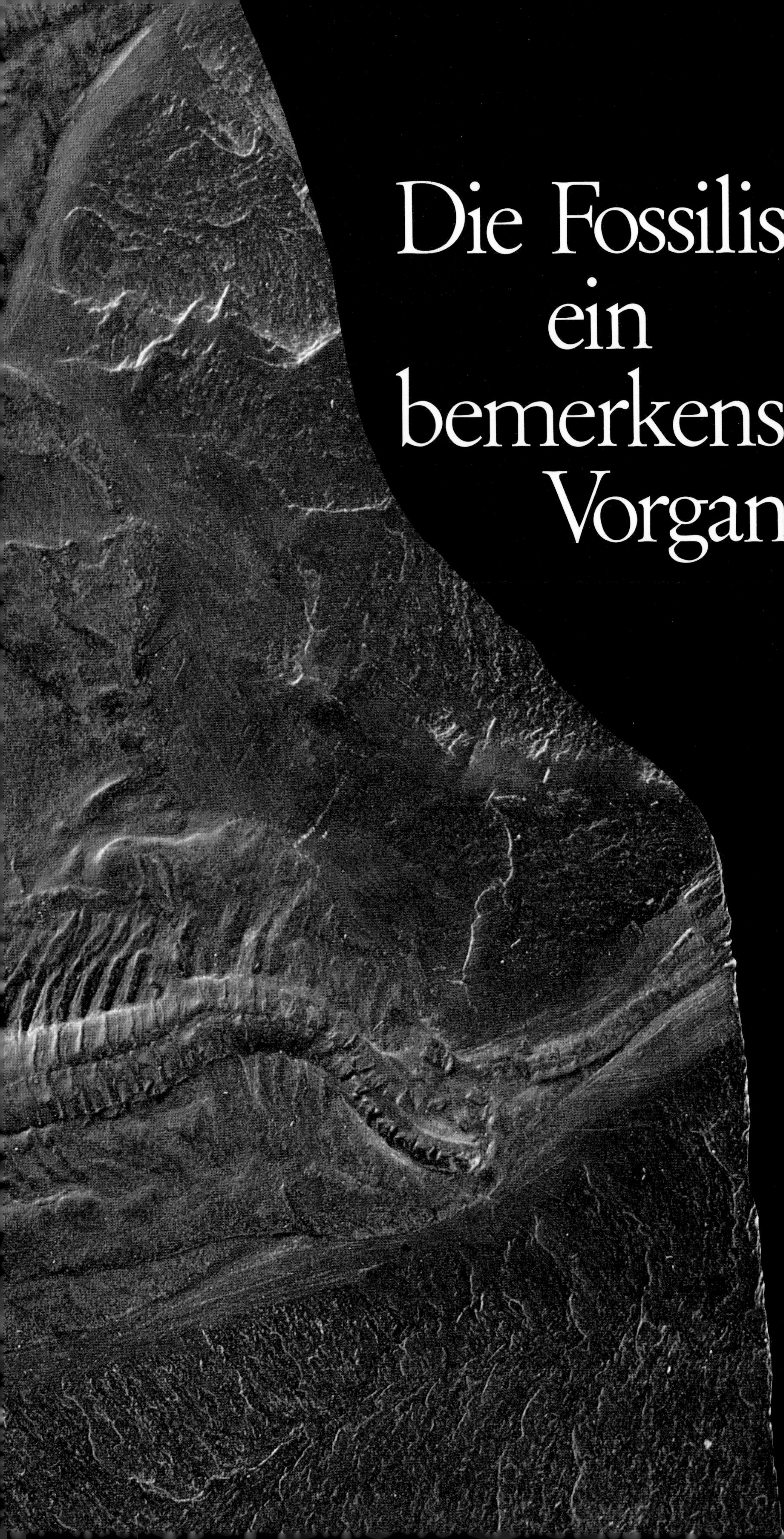

48

Die Natur arbeitet mit einem Minimum an Verlust. Nach dem Tod einer Pflanze oder eines Tieres werden die im Körper gebundenen Nährstoffe meist rasch der Nahrungskette wieder zugeführt.

Nur wenn eine schützende Sedimentlage von Schlick, Sand, Ton oder anderem Material den toten Körper eindeckt, entgeht er der baldigen Zerstörung.

So wissen wir viel mehr über die ehemaligen Bewohner der Meere, Seen, Moore und Wasserläufe, wo ein lockerer Untergrund und eine hohe Sedimentationsrate die Fossilisation begünstigt, als über die Landbewohner. Nur noch die Wüsten besitzen ähnlich günstige Bedingungen, da ihr Sand Tierkadaver rasch überdecken kann.

Die unendliche Anzahl von Tier- und Pflanzenarten, von Formen und Individuen, welche unseren Planeten in Jahrmillionen bevölkerten, haben nur wenige Spuren hinterlassen. Einzelstücke oder nur Teile, die das glückliche Zusammenspiel mehrerer Faktoren vor der Zerstörung bewahrt hat. Das sind die Fossilien! Auch die seltenen, reichhaltigeren Fundorte können uns sicher nur einen kleinen Ausschnitt der gesamten Artenvielfalt zeigen.

Wegen dieser Einzigartigkeit gebührt den Fossilien ein wichtiger Platz in Wissenschaft und Kultur.

Die Fossilisation – ein Glücksfall

In der Tat stellt die Fossilisation das Ergebnis von außergewöhnlichen Umständen dar, bei der zahlreiche Faktoren zusammenspielen: die Festigkeit des Organismus, die Umstände seines Todes, seiner Einbettung in einem Lockersediment und dessen Verfestigung, vielfältige chemische Reaktionen, Tektonik, Metamorphose, Auswaschung und Erosion... und nicht zuletzt der Zufall ihrer Entdeckung.

Wenn nun Lösungserscheinungen, Rekristallisation oder Metamorphose nicht zu heftig waren, bleiben uns Fossilstrukturen von der Feinheit eines lebenden Organismus erhalten. Dies gilt nicht nur für morphologische Strukturen (Oberflächendetails von Mikroorganismen, Blattnerven, Ornamente auf Schalen oder Knochenplatten, innerer Bau) sondern auch für histologische Strukturen (Feinorientierung der Kristalle in Samen, Lamellen oder Fasern in Pflanzenresten oder Weichteilen von Tieren). Und wenn es auch richtig ist, daß die älteren

49

Dieser Schlangenstern (Ophiura decheni), *ein Verwandter der Seesterne, stammt aus dem Devon Deutschlands und stellt ein schönes Beispiel für Fossilisation im Dachschiefer dar. (Feinkörniger Schlamm verfestigte sich durch zunehmende Auflast, später erfolgte eine weitere Komprimierung unter tektonischem Druck.)*

geologischen Perioden weniger Fossilien liefern als die jüngeren, so kann man doch nicht sagen, daß ihre organischen Strukturen schlechter erhalten sind; oft ist es gerade umgekehrt.

Im allgemeinen erlauben die tonreichen Sedimente (Mergel und Tone) eine bessere Erhaltung der fossilen Strukturen als die Kalke. Sie werden als feiner Schlamm abgelagert, der Hohlräume und interne Körperhöhlen fast vollständig füllt, bevor er erhärtet. Auch sind sie weniger durchlässig, so daß Oxidation oder Lösung weniger Zerstörung anrichten können.

Verbackene Feinsande können fossile Strukturen ebenfalls sehr schön bewahren. Besonders Organismen ohne Hartteile, wie Quallen, die Mehrzahl der Würmer und manche Mollusken, hinterließen ihre besten Abdrücke und Versteinerungen in tonig-sandigen Sedimenten. Ohne diese außergewöhnlichen Hinweise hätte man ihre erdgeschichtliche Existenz bestenfalls theoretisch ableiten können.

Würmer, Arthropoden und verschiedene andere Wirbellose hinterließen seit dem Kambrium Grabspuren im Sediment. Da sie schalenlose, leicht vergängliche Körper besaßen, wurden sie selten fossil erhalten, aber ihre Grabspuren charakterisieren sie recht genau, da Durchmesser, Länge, Form und Orientierung arttypische Kennzeichen darstellen.

Überhaupt gibt es noch eine ganze Reihe von rätselhaften Spuren, welche sich mehr oder weniger gut bestimmen lassen und deren Studium gerade in letzter Zeit einige Fortschritte gebracht hat. Manche lassen sich problemlos Tieren zuordnen, welche fossil wohlbekannt sind: Laufspuren von Trilobiten aus dem Paläozoikum, Fußabdrücke von Reptilien (besonders Dinosauriern) aus dem Mesozoikum, Vogelspuren aus dem Tertiär. Sie berichten von Wanderungen und Zügen, auch wenn andere Hinweise fehlen. Bei der Mehrzahl der Spuren jedoch gelang es noch nicht den Urheber ausfindig zu machen. So besitzen wir von zahlreichen Wirbellosen nichts weiter als ihre Laufspuren, sie zeigen uns jedoch, daß auch jene Bereiche und geologische Epochen von Leben erfüllt waren, von denen uns keine fossilen Körper erhalten sind.

Außer den Fossilien im engeren Sinne gibt es eine Anzahl von „biosedimentären" Erscheinungen, von Hinweisen auf die Anwesenheit, oder die physiologische Aktivität von Organismen.

So berichten die Braun- und Steinkohlen, Bitumen und Erdöle – komplexe, biologische Sedimente – von einer intensiven biologischen Aktivität, obwohl die Organismen, die sie aufbauen (Pflanzen oder Mikroorganismen) selten nachweisbar sind.

50

Apiocrinus magnificus, *ein Echinoderme aus dem oberen Jura der Charente (Frankreich). – Fossile Seelilien mit Armen und Stiel sind sehr selten, da sie leicht zerfallen. Hier fehlt der Stiel; Kelch und Krone samt den Armen blieben erhalten.*

Der Bernstein, ein fossiles Harz, der in verschiedenen Epochen und Gebieten gebildet wurde, zeigt, daß es immense harzabscheidende Wälder gegeben haben muß.

Spuren, Pollen, Körner, Früchte, Eier oder Gelege treten in unterschiedlicher Häufigkeit in zahlreichen Sedimenten auf. Sie sind, unabhängig von anderen Überlegungen, Hinweise auf die Anwesenheit oder die relative Nähe ihrer Erzeuger.

Die Akkumulation von Exkrementen, Koprolithe genannt, ermöglicht es häufig die Individuenzahl von fossilen Vertebraten abzuschätzen. Berühmt sind die Vorkommen im Lias der Umgebung von Gloucester (England); Dinosaurier haben sie dort hinterlassen. Einige marine Kalke bestehen überwiegend aus kleinen Knöllchen, sie gehen auf Ausscheidungen von Schlamm- und Detritusfressern, wie Würmern, Mollusken, Crustaceen, zurück.

Manche Organismen hinterließen Krusten auf dem von ihnen bewohnten Substrat oder geben uns Hinweise auf den Untergrund, den sie besiedelten, wie zum Beispiel die Austern: Ihre Schalenoberfläche zeigt an, ob sie auf Holz, auf Felsen oder auf einer anderen Schale angeheftet waren.

Zahlreiche fossile Pflanzen und Tiere lassen verschiedene Formen von Parasitismus erkennen. Andere weisen Verletzungen auf, die auf mancherlei Unfälle zurückgehen können und über die Lebensbedingungen der Träger Aufschlüsse geben. Auch gewaltsame Verletzungen sind häufig: Aufgebohrte oder zerknackte Muschelschalen (oft typisch für einen bestimmten Freßfeind), auseinandergebissene Fische, Knochen von Reptilien und Säugetieren mit typischen Nage- und Beißspuren.

All dies gibt uns vielfältige Informationen über die Lebensweise und die Umweltbedingungen der fossilen Lebewesen.

51

Pilosisporites, *die nur 40 Mikron große, ungewöhnliche und seltene Spore eines Farns aus der Kreidezeit (Israel). Erst das elektronische Rastermikroskop machte uns die fossil bis ins geringste Detail erhaltenen Ornamente sichtbar.*

Stoffumwandlungen

Alle Materie organischen Ursprungs verändert sich mit der Zeit. Je nach dem Ausgangsmaterial beginnt die Umwandlung mehr oder weniger schnell und radikal. In ihrem Verlauf ist sie vielfältig und komplex, da biochemische und verschiedene lithologische, geochemische und mechanische Vorgänge ineinandergreifen, die den Gesteinskomplex und somit auch das eingeschlossene Individuum erfassen.

Von Pflanzen, welche isoliert im Gestein liegen, bleibt gewöhnlich nur ein kohlehaltiges Häutchen, während größere Mengen von pflanzlichem Material den Torf, die Braun- oder Steinkohlen entstehen ließen. Unter gewissen Bedingungen werden sie aber auch zu Kalzit umgewandelt oder sie verkieseln (Chalzedon, Jaspis oder Opal).

Von den Tieren überdauern gewöhnlich die verkalkten oder verkieselten Hartteile (Gerüste der Mikroorganismen, Korallenskelette, Muschelschalen, Kalkplatten der Echinodermen, Panzer der Crustaceen, Knochen, Schuppen und Zähne der Wirbeltiere). Manchmal können verkalkte Hartteile in ihrer Originalsubstanz und ohne größeren Materialwechsel erhalten sein (als kohlen- oder phosphorsaurer Kalk). Sie können jedoch auch gegen neugebildete Kalzitkristalle oder durch verschiedene andere Substanzen, wie Eisen- oder Kupfersulfid (Pyrit, Markasit), Hämatit, Gips oder Bitumen ausgetauscht sein. Dies geschieht meist nach Verfestigung des Sediments durch Lösung und gleichzeitigen Ersatz der Ursubstanz.

Aber oft geschieht es auch, daß die ursprünglichen Kalke oder Kalkphosphate herausgelöst werden, ohne daß neue andere Stoffe zum Absatz gelangen. Dann hinterläßt das Fossil im Gestein einen Hohlraum, der genau seiner alten Körperform, entspricht. Man nennt ihn Abdruck oder auch Gußform, da man die alte Form über einem Abguß herstellen kann. Dabei wird der Hohlraum mit einer plastischen Masse gefüllt oder mit Kunstharz ausgegossen, und man ahmt dabei genau den Vorgang nach, der gewöhnlich in der Natur abläuft.

Farben der Fossilien

Die Welt der Fossilien ist farblos. – Diese Feststellung ist nicht richtig, obwohl ihre Farben gewöhnlich nicht die ursprünglichen sind, sondern die der verschiedenen Oxide, die im Lauf der Fossilisation eingelagert wurden. Am häufigsten sind die Oxide von Eisen (2- oder 3wertiges Eisen), Kupfer oder Mangan, deshalb herrschen unter den Fossilien, wie übrigens auch unter den Sedimenten, Farbtöne wie Ocker, Blau oder Grün bzw. auch Blutrot vor, wenn sie nicht weiß sind wie reine Kalke oder schwarz wie die Kohlensubstanz der fossilen Pflanzen.

Es gibt jedoch einige fossile Mollusken, deren Schalen noch die ursprüngliche Zeichnung aufweisen. So kennt man farbige Muschelschalen und Schneckenhäuser, welche bis zu 300 Millionen Jahre alt sind. Sie besitzen auch heute noch ihre prächtig gefärbten Ornamente in Form von Längs- oder Querstreifen, Zickzack- bzw. Wellenlinien oder geometrisch angeordneten Punkten.

Das Farbmuster ist zweifellos richtig wiedergegeben, die Farben selbst jedoch sind verändert. Im Laufe der Zeit und der Fossilisation entstanden durch die Wirkung von Metalloxiden vorwiegend Ockertöne.

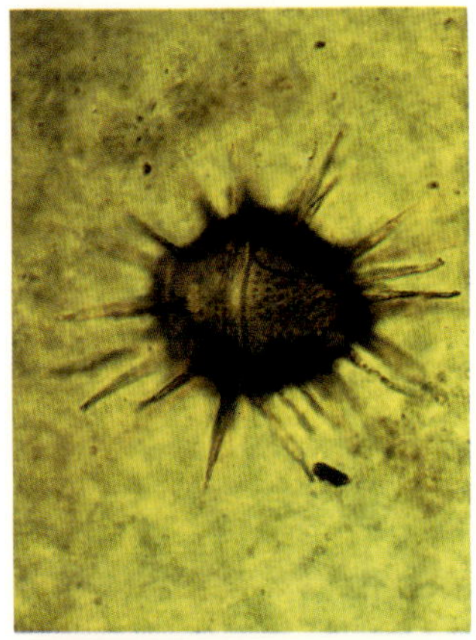

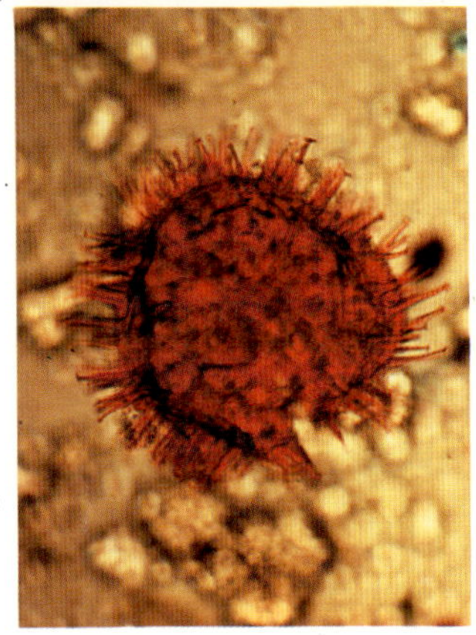

52 53

Operculidium *aus dem Miozän Australiens und* Hystrichosphaeridium *aus dem Quartär Frankreichs. Diese beiden Dinoflagellaten verdanken ihre wunderbare Erhaltung der Tatsache, daß sie schon zu Lebzeiten in Kieselgel eingeschlossen wurden, wodurch auch die feinsten Zellulosehäkchen der Zerstörung entgingen. Auf der Abbildung sind sie stark vergrößert und künstlich eingefärbt.*

Fossilien mit „Haut und Haaren"

Meist gibt es keinerlei Möglichkeit, die Weichteile fossil zu erhalten, denn sie sind unter der Einwirkung von Bakterien und chemischen Stoffen rasch vergänglich. Die seltenen Ausnahmen verdienen um so mehr Beachtung:

In zahlreichen Kieselkonkretionen der Kreide findet man fossile Dinoflagellaten (Mikroorganismen mit Zellulosegerüst), deren organische Baustoffe erhalten sind.

Vor zigmillionen Jahren wurde eine Unzahl von Insekten und anderen Organismen von einem klebrigen Harz eingeschlossen und konserviert (Bernstein). Auf diese Weise waren sie völlig vor einer Zerstörung geschützt, genauso wie heutzutage, wo man sie in Kunstharz eingießen kann.

Über Tausende von Jahren waren die Mammute und Wollnashörner im Eis Sibiriens eingefroren. Heute zählen sie zu den wenigen Fossilien, die mit „Haut und Haaren" erhalten sind, mit allen Muskeln, Eingeweiden und Knochen. Nach verschiedenen Reiseberichten war ihr Fleisch frisch und genießbar, Hunde fraßen es wenigstens, aber wahrscheinlich wurde es auch von den Eingeborenen, den Tungusen, gegessen.

Die Asphaltsümpfe, die besonders in Nordamerika in verschiedenen geologischen Perioden existierten, waren tückische Fallen. Durch sie wurden Tausende von Lebewesen bestens konserviert, darunter eine große Anzahl von landbewohnenden Wirbeltieren. Reptilien des Mesozoikums und Säugetiere des Tertiärs und Quartärs versanken in diesem Morast, wo wir sie heute als „Asphaltmumien" wiederfinden.

54

Lange bevor die ersten Expeditionen die Suche nach den fossilen Mammuten aufnahmen, waren ihre Stoßzähne eine gesuchte und begehrte Ware; der Handel damit läßt sich bis in die Antike zurückverfolgen. Dieser einfache orthodoxe Kalender wurde von im Norden lebenden Jakuten aus dem Elfenbein eines Mammuts geschnitzt.

Die großen paläontologischen Expeditionen

Im Lauf der ersten großen Forschungsreisen des 19. Jh. wurde alles gesammelt, was einer besonderen Beachtung wert schien: Tiere, Pflanzen, Mineralien und nicht zuletzt die Fossilien.

Eine der berühmtesten Reisen war d'ORBIGNYs Reise nach Mittelamerika. Sie dauerte nicht weniger als sieben Jahre (1826–1833), und d'ORBIGNY brachte eine Fülle von Beobachtungen mit nach Hause. Es war ein erstaunliches Studienmaterial für die einzelnen naturwissenschaftlichen Disziplinen von der Ethnologie bis zur Geologie.

Die mitgebrachte Fossiliensammlung war die erste umfassende paläontologische Sammlung aus Südamerika. Sie wurde dem neugegründeten Museum der Naturgeschichte in Paris zur Verfügung gestellt, und d'ORBIGNY wurde der erste Inhaber des Lehrstuhles für Paläontologie.

In den folgenden Jahren spezialisierten sich die wissenschaftlichen Expeditionen mehr und mehr. Viele Forschungsprojekte und Grabungen wurden in der ganzen Welt begonnen, und ihre Ausbeute bereicherte die zahlreichen paläontologischen Sammlungen.

Mehr oder weniger lange und erfolgreich, und meist nicht ganz ungefährlich, verlangten diese Forschungsreisen oft nur ein Minimum an Organisation. Andererseits erforderte die Bergung bestimmter Fossilien eine solide Vorbereitung und dementsprechend kostspielige Expeditionen.

Eine der ersten großen Expeditionen erfolgte im Jahr 1901. Anlaß war der Fund eines gefrorenen Mammuts in Ostsibirien ungefähr 320 km nordöstlich von Sredne Kolymsk im Eis der Berezovka. Sie wurde von der wissenschaftlichen Akademie von St. Petersburg in Angriff genommen, die Leitung lag in den Händen von Otto HERZ.

Irkutsk wurde am 14. Mai erreicht, von wo aus noch 2000 km zu Pferd und mit Schlitten unter extremen Bedingungen bewältigt werden mußten. Erst am 2. September gelangte die Expedition an die Fundstelle. Das Mammut wurde zerlegt und auf Schlitten bis Irkutsk transportiert, von wo es den weiteren Weg nach St. Petersburg mit der Eisenbahn zurücklegte. Seitdem wird sein Skelett im Zoologischen Museum von St. Petersburg, dem heutigen Leningrad, ausgestellt.

Weitere Expeditionen nach Sibirien folgten, und es wurde fossiles Material von großer wissenschaftlicher Bedeutung geborgen: verschiedene Hirsche, Mammute, Wollnashörner, Auerochsen und See-Elefanten.

1949 übertrug die Leningrader Akademie Professor E. N. PAVLOVSKY die Führung einer neuen Expedition. Ihr Ziel war die Taimyr-Halbinsel am Eismeeer. Die Mitglieder hatten die Aufgabe, ein Musterexemplar von Mammut zu bergen, das das schmelzende Eis gerade freigab und das vom Zerfall bedroht war. Diese Mission, bei der schweres Gerät und ausgesuchtes Material eingesetzt wurde, wurde ein Beispiel für gute Organisation.

Die Jagd auf Dinosaurier war weniger gefährlich. Angeregt von den Professoren MARSH und COPE, begannen diese Unternehmen etwa um 1868, und die Bemühungen amerikanischer Forscher wurden im Laufe der Zeit mit wertvollen Funden belohnt. 1903 barg Professor OSBORN aus den Ablagerungen von Como Bluff im Bundesstaat Wyoming das vollständige 22 m lange Skelett eines Brontosaurus, dem Giganten der Dinosaurier. Heute ist er die Attraktion des American Museum of Natural History in New York, wo er inmitten anderer Funde und Rekonstruktionen den Ausstellungsraum beherrscht.

1915 beschloß die Bundesregierung der USA in den „Morisson beds" im Bundesstaat Utah ein Naturmuseum einzurichten. Hier kann der Besucher zahlreiche Dinosaurierskelette in situ, d. h. in ihrer ursprünglichen Lage im Sediment, bewundern.

1924 entdeckte Professor DARTH in Südafrika nahe der Grenze zu Botswana den ersten Gehirnschädel eines Australopithecus, dessen Alter auf 2500000 Jahre geschätzt wurde. Die berühmte Fundstätte im Tal des Omo in Äthiopien wurde zu Beginn des Jahrhunderts von französischen Reisenden entdeckt. Sie lieferte die ältesten bis jetzt bekannten Überreste des Australopithecus und war 1932–1933 das Ziel einer Expedition des Nationalmuseums für Naturgeschichte von Paris unter Leitung von Professor ARAMBOURG. Die ersten Ergebnisse führten zu einer weiteren Expedition, an welcher Mitglieder aus Frankreich, den USA und Kenia beteiligt waren und deren Forschungsprogramme sich bis 1967 hinzogen. Nach und nach wurden größere Gebiete durchforscht, so die Ufer des Rudolf-Sees, das Seebecken von Baringo (Kenia), wo sich eine englische Mannschaft anschloß, und zuletzt das Awashtal (Äthiopien). Die Grabungen brachten eine große Zahl von Entdeckungen über die Anatomie, die Wohnbedingungen, die Lebensweise und das Wohngebiet dieser 1,5–3 Millionen Jahre alten Hominiden.

Der hohe Norden wurde verschiedentlich von paläontologischen Expeditionen englischer, schwedischer und dänischer Mannschaften durchforscht. 1968 beschloß das „Centre National de la Recherche

55

Nicht nur planmäßige Forschungen haben die großen paläontologischen Sammlungen bereichert. Zu allen Zeiten gab es großzügige Spender, die oft ihre besten Stücke den Museen zur Verfügung stellten, wie diesen Schwamm (Coeloptychium agaricoides) *aus der oberen Kreide Westfalens.*

56

Kreidefelsen, ganz gewöhnliche Gesteine, offenbaren unter dem Elektronenmikroskop einen unglaublichen Reichtum an Kalkalgen, wie diese kompliziert gebauten Coccolithen (Gartenerago confussus). *Sie sind so klein, daß ein Kubikmillimeter Kreidegestein bis zu 10 Millionen Individuen enthalten kann.*

Scientifique" (C.N.R.S.) eine große paläontologische Expedition nach Spitzbergen, die mit einem Eisbrecher und zwei Hubschraubern ausgerüstet war. Unter der Leitung von Professor J.-P. LEHMAN verließen etwa 20 Wissenschaftler des Nationalmuseums für Naturgeschichte sowie der Universitäten Montpellier und Poitiers Le Havre am 25. Juni 1969. Nach zweieinhalb Monaten kehrten sie wieder zurück und brachten 23 Tonnen Fossilmaterial von hervorragender wissenschaftlicher Bedeutung mit. Darunter befanden sich ausgezeichnet erhaltene Pflanzen des Devon, der Trias und des Tertiärs, einige Agnatha (kieferlose Panzerfische) des Silur und Devon sowie zahlreiche Wirbeltiere der Trias, unter ihnen Coelacanthidae (Quastenflosser) und Stegocephalen (primitive Amphibien). Diese Ausbeute, welche von dem paläontologischen Institut des Pariser Museums ausgewertet wird, vervollständigt die etwa 60 Tonnen paläontologisches Material, das auf verschiedenen Afrikaexpeditionen von den Wissenschaftlern dieses Instituts zusammengetragen und aufs genaueste untersucht wurde.

Die Expeditionen in verschiedene Gebiete verlangen von den Paläontologen nicht nur ein breitangelegtes Wissen, sondern auch solide technische Kenntnisse und Organisationstalent, nicht zuletzt auch eine gute physische Kondition. Die Natur, fossil oder lebendig, muß „vor Ort" studiert werden, und die Paläontologen müssen für Gelände- und Laborarbeit gerüstet sein, wie übrigens auch andere Spezialisten aus Geo- und Biowissenschaften.

Die Fossilien – Schmuck und industrieller Rohstoff

Kohle, Holz, Torf, Bitumen, Erdöl und Erdgas sind aus fossilem organischem Material entstanden. Es handelt sich hier um Energieträger, die durch Photosynthese der Sonne gebildet und in Sedimente eingelagert wurden.

Unsere technisch hoch entwickelte Gesellschaft ist von dieser fossilen Energie in hohem Maße abhängig. Aber Bergbau und Industrie der Steine und Erden sowie die verarbeitende Industrie nutzen noch andere fossile Bestände.

Die großen Phosphatlagerstätten sind nichts anderes als Ansammlungen von Mammiferen-, Fischkadavern oder auch von Vogelexkrementen. Während der Fossilisation haben sich hier Phosphatsalze abgesetzt. So sind z.B. die Phosphatsalze von Quercy entstanden, deren Vorräte seit langem erschöpft sind, und die von Florida; außerdem die Phosphatsande der Ardennen und der Maas sowie die Phosphatmergel und -kalke Nordafrikas. Da man aus ihnen Superphosphate herstellen kann, zählen sie zu unseren größten Schätzen.

In Peru und Chile findet man wertvolle Lagerstätten von Natriumnitraten, die man unter dem Namen Chilesalpeter abbaut. Durch bakterielle Fermentation entstanden hier Konzentrationen stickstoffhaltiger organischer Materie.

Die Diatomite, kieselhaltige harte Gesteine, die sehr dünn und porös sind, bestehen aus Diatomeenschalen; pro cm^3 kommen 1500 Individuen vor. Sie sind vielseitig verwendbar. Da sie sehr leicht sind (Dichte 0,2), benutzte man sie zum Bau der Hagia Sophia in Konstantinopel. Sie dienen der Wärme- und Kälteisolation und der Herstellung besonderer Filter. Ihre starke Absorptionsfähigkeit (sie absorbieren das 8fache ihres Gewichtes an Wasser) machte man sich bei der Dynamitherstellung mit Nitroglyzerin zunutze. Unter dem Namen Kieselgur finden sie beim Polieren von Metallen und beim Scheuern von Bütten Verwendung.

Mikroorganismen, die schon im Präkambrium auftauchen, die sogenannten Radiolarien, führten zur Bildung der Radiolarite, kieselhaltiger Felsen, die schwarz, grau oder rot glänzen. Sie werden in der Schmuckindustrie unter dem Namen Jaspis verarbeitet.

Die Schreibkreide setzt sich im wesentlichen aus kleinsten Teilchen von Mikroorganismen, wie Diatomeen, *Coccolithophoriden* und Foraminiferen zusammen. Sie wurden von den Meeren der Kreidezeit abgelagert. Man verwendet sie als Kalkstein, Tünche und Temperafarbe, als Scheuermittel unter dem Namen Schlemmkreide, als Kalkmilch usw.

Die Kalke, die zur Zementherstellung, als Baumaterial, zum Pflastern der Wege oder zur Düngung der Felder genutzt werden, sind im wesentlichen Sedimente organischen Ursprungs. Sie entstanden entweder durch Akkumulation von Gehäusen und Schalen von Meerestieren, als Miliolinen, Nummuliten-, Schalen-, Muschel-, Korallen- oder Rudistenkalke, durch physikalische oder chemische Reaktionen, wie die Oolithkalke, oder durch Einfluß von Algenrasen, wie Travertine oder Süßwasserkalke oder Stromalithenkalke. Auch konnten alle drei Vorgänge kombiniert auftreten, was z. B. bei den Knollenkalken, den pisolithischen oder pseudo-oolithischen Kalken oder Algenkalken der Fall war.

Sehr dichte und feine Kalke, wie z. B. Travertine oder auch die ita-

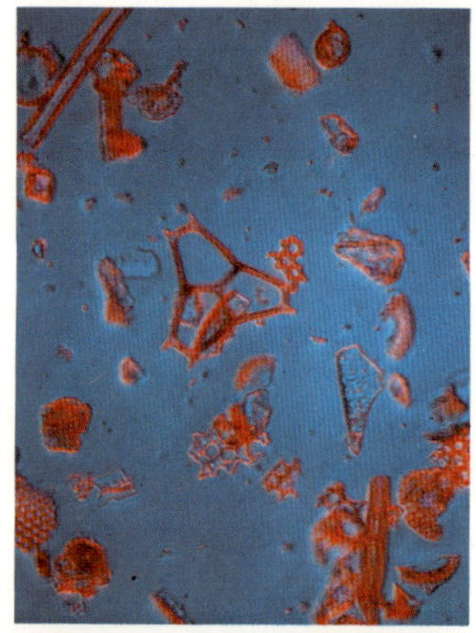

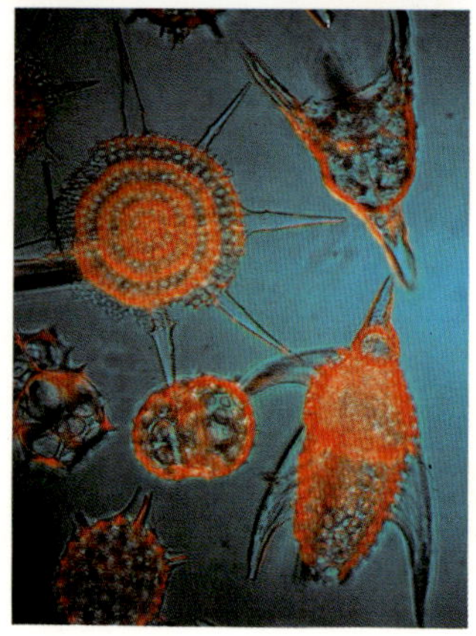

57 58

Diatomite und Radiolarite sind Gesteine, die wegen ihrer großen Härte abgebaut werden. Sie setzen sich aus kieselhaltigen Mikroorganismen zusammen. Man sieht auf dem stark vergrößerten und angefärbten Bild eine Corbisema *(dreistrahliger Siliciumflagellat) zusammen mit Diatomeen. Kreide des Ural (UdSSR). Darunter Radiolarien von der Insel Barbados (Antillen).*

59

Die zahlreichen Stielglieder von Crinoiden, die aus reinem Kalk bestehen, verleihen diesem Marmorstein außergewöhnliche Schönheit.

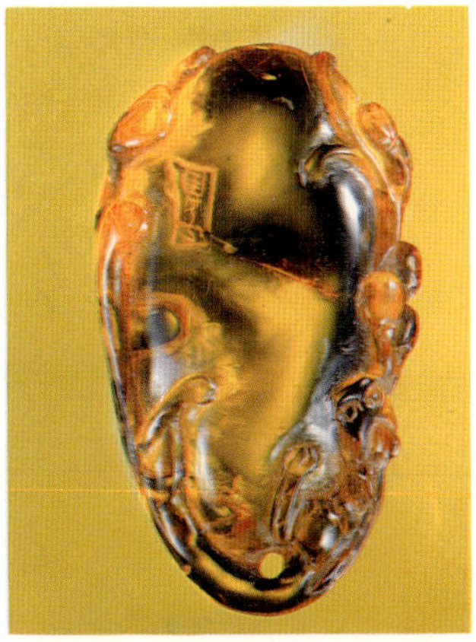

60 61 62

Der Bernstein, dessen Zauberkräfte berühmt waren, wurde wegen seiner leichten Bearbeitungsmöglichkeit zu einem der wertvollsten und schönsten Steine. Schmuckstücke und -figürchen sind sehr kostbar. Hier ein modernes Medaillon und zwei kleine chinesische Skulpturen des 18. Jh.

lienischen Marmore, werden von der Bauindustrie Marmor genannt. Diese sind häufig leicht metamorph. Sie verdanken ihre Ausgewogenheit in Form und Farbe den darin eingeschlossenen Fossilien.

Seit dem 9. und 10. Jahrhundert und besonders nach den großen Mammutfunden in Sibirien wurde das fossile Elfenbein genutzt. Auf den Märkten von Jakutsk und Irkutsk war es lange ein begehrtes Handelsobjekt.

An der Ostsee und in Sizilien findet man den Bernstein, fossiles Harz. Schon in der Bronzezeit verarbeitete man ihn zu Ketten und Anhängern. Auch heute noch schätzt man ihn als Schmuckstück und Kunstwerk.

Mit dem systematischen und mehr oder weniger illegalen Abbau der Fossilien begann gleichzeitig ihre Kommerzialisierung auf internationaler Ebene. Wegen ihrer Seltenheit und Schönheit wurden sie oft zu hohen Preisen gehandelt.

Die künstlerische Aussagekraft der Fossilien

Im Laufe der Jahrhunderte versuchte man nicht nur die Fossilien zu beschreiben, sondern auch künstlerisch darzustellen. In den Naturwissenschaften sind die ersten Arbeiten Kataloge großer Sammlungen des 16. Jh. Man findet hier die ersten Abbildungen von Fossilien. Da die Richtigkeit der Darstellung und das Wissen über Fossilien in starkem Maße voneinander abhängig sind, erscheinen uns die ersten Versuche ungeschickt und naiv. Aber sie lassen erkennen, daß hier die ersten Einblicke in ein bis dahin unbekanntes Universum stattgefunden haben. Die ersten Stiche sind oft sehr grob ausgeführt und stellen den Gegenstand sehr generalisiert dar.

Im 17. Jh. wird die Technik verfeinert. Man interpretiert viel, ja sogar alles. Es ist die Zeit der „Figurensteine“, der phantastischen Formen, die oft Tier- und Pflanzendarstellungen ähneln.

Im 18. Jh. werden die Fossildarstellungen genauer. Stiche aus dieser Zeit sind sorgfältig ausgearbeitete Kunstwerke. Bei der Illustration eines Werkes können mehrere Künstler mitgewirkt haben. Im 19. Jh. kommt zu Radiernadel und Meißel die Lithographie hinzu. Beim Aquarell treten bestimmte Linien stark hervor, wodurch die Pflanzen naturgetreu und äußerst prunkvoll reproduziert werden können.

Da das Bedürfnis nach lehrreichen Darstellungen immer größer wurde, gerät die künstlerische Seite allmählich in Vergessenheit. Die Beschreibung dominiert, besonders in Form der Lithographie, die die Einzelstrukturen außerordentlich gut wiedergibt. Alle diese mehr oder weniger erfolgreichen Versuche einer Reproduktion der Fossilien werden schließlich von der getreuesten Wiedergabe, der Photographie, abgelöst, deren Technik bis heute immer mehr verfeinert wurde.

Die Rekonstruktion prähistorischer Tiere ist ebenfalls stark von Phantasievorstellungen belastet. Voraussetzung einer guten Rekonstruktion ist die gute Kenntnis des Skeletts, des Muskelansatzes und des Tierwuchses. Diese Arbeit erfordert das Zusammenwirken des Paläontologen, des Anatomen und des Künstlers. Die Rekonstruktionen dienen dekorativen, belehrenden und erbaulichen Zwecken, ebenso der Werbung, wie z.B. die Dinosaurierstatuen des Amerikaners C. R. Knight in bestimmten Parks der USA, die die Aufschrift „Größe der Natur" tragen. Auch die schönen Illustrationen des Tschechoslowaken Z. Burian wären hier zu nennen.

Die Science-fiction-Filme machten gleichfalls von diesen Phantasiegebilden Gebrauch. Denken wir nur an die Dinosaurierkämpfe in „King-Kong" oder an Walt Disneys Verfilmung von Strawinskys „Sacre du Printemps".

Schon in der prähistorischen Kunst tauchen Tierarten auf, die heute verschwunden sind. Die Felsmalereien von Font-de-Gaume, Combarelles, Lascaux und der Dordogne in Frankreich und Altamira im spanischen Asturien zeigen Wollhaarnashorn, Bisons, Wildpferde, Rentiere und Mammute. Auch wertvolle Skulpturen aus Elfenbein sind aus dieser Zeit erhalten, ebenso Gravierungen auf Holz, Knochen, Elfenbein oder Stein. Sie stellen Ren, Mammut, Bison oder Höhlenbär dar. Auch die Fossilien selbst wurden verarbeitet. So findet man z.B. in Südalgerien Pfeilspitzen aus fossilem Araukarienholz.

Der Mensch entdeckte schon früh die Fossilien als Schmuckstücke. Die Gräber des Paläolithikums sind reich an fossilen Mollusken. Die Skelette der Gräber von Grimaldi sind von eng aneinandergereihten Exemplaren der *Nassa neritea* bedeckt, die man als Reste von Haarnetzen und Lendenschurzen interpretierte. In einem neolithischen Grab fand man eine Kette aus kleinen fossilen Seeigeln. Ketten aus Bärenzähnen und Anhänger aus durchlöcherten Trilobiten sind aus dieser Zeit ebenfalls bekannt.

Auch die Antike kennt Schmuckstücke oder Nippsachen aus Fossilien. In Schwarzafrika werden heute noch fossile Seeigel als Anhänger

63 64 65

Die fossilen Pflanzen waren für die Ikonographie stets ein beliebtes Thema. Unter den reich illustrierten Arbeiten ist die „Flora der Urwelt" von Stenberg (erschienen 1838 in Prag) wegen ihrer Fülle an Einzeldarstellungen, ihrer Präzision und Schönheit sicher eine der bedeutendsten.

getragen. Aus polierten Jaspisstücken, farbenprächtigen Schalenkalken und pyritisierten Ammoniten stellt man Ketten her.

Von allen fossilen Materialien ist der Bernstein seit der Antike das beliebteste Schmuckstück. Er wird bearbeitet, unbehauen getragen, und man stellt sogar Imitationen her.

Im 19. und zu Beginn des 20. Jh. war der Gagat oder die Pechkohle sehr in Mode gekommen. In Venezuela verwendeten die Indianer Pechkohlenstücke zur feinsten Stuckarbeit. Man findet Skulpturen, die wahrscheinlich aus präkolumbianischer Zeit stammen.

Das Elfenbein der Mammute wurde seit der Antike verarbeitet. Die Araber und Völker Nordasiens stellten daraus Schmuckstücke, kleine Figuren und Kämme her. Es ist sogar ein Thron aus Elfenbein erhalten, der im Besitz eines tartarischen Khans war.

Wenig bekannt ist die Symbolik in Wappen. Die Stadt Whitby in England trägt in ihrem Wappen drei Ammoniten mit Schlangenköpfen.

Die Sage berichtet, daß hier eine Äbtissin, die heilige Hilda, Schlangen in Stein verwandelt habe. Die Wappen der Stadt Scunthorpe enthalten zwei Gryphäen, und in Dudley findet man einen Trilobiten der Gattung *Calymene*.

Auch Briefmarken kann man hier anführen. Häufig sind es naturgetreue Darstellungen von fossilen Wirbeltieren. Aber es gibt auch Abbildungen von Ammoniten, Trilobiten und Seeigeln.

Leider ist dies nur ein kurzer Überblick. Aber es wird doch deutlich, in welch vielfältigen und originellen Bereichen der Kunst die Fossilien den Künstler zu inspirieren vermochten.

66
67

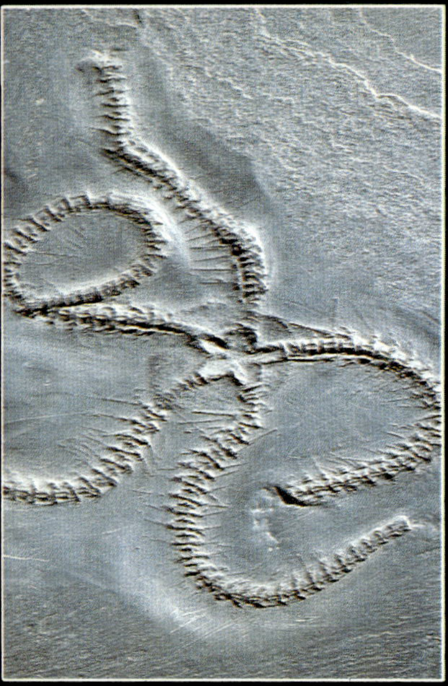

69

70

72

73
75

74

76

77

78

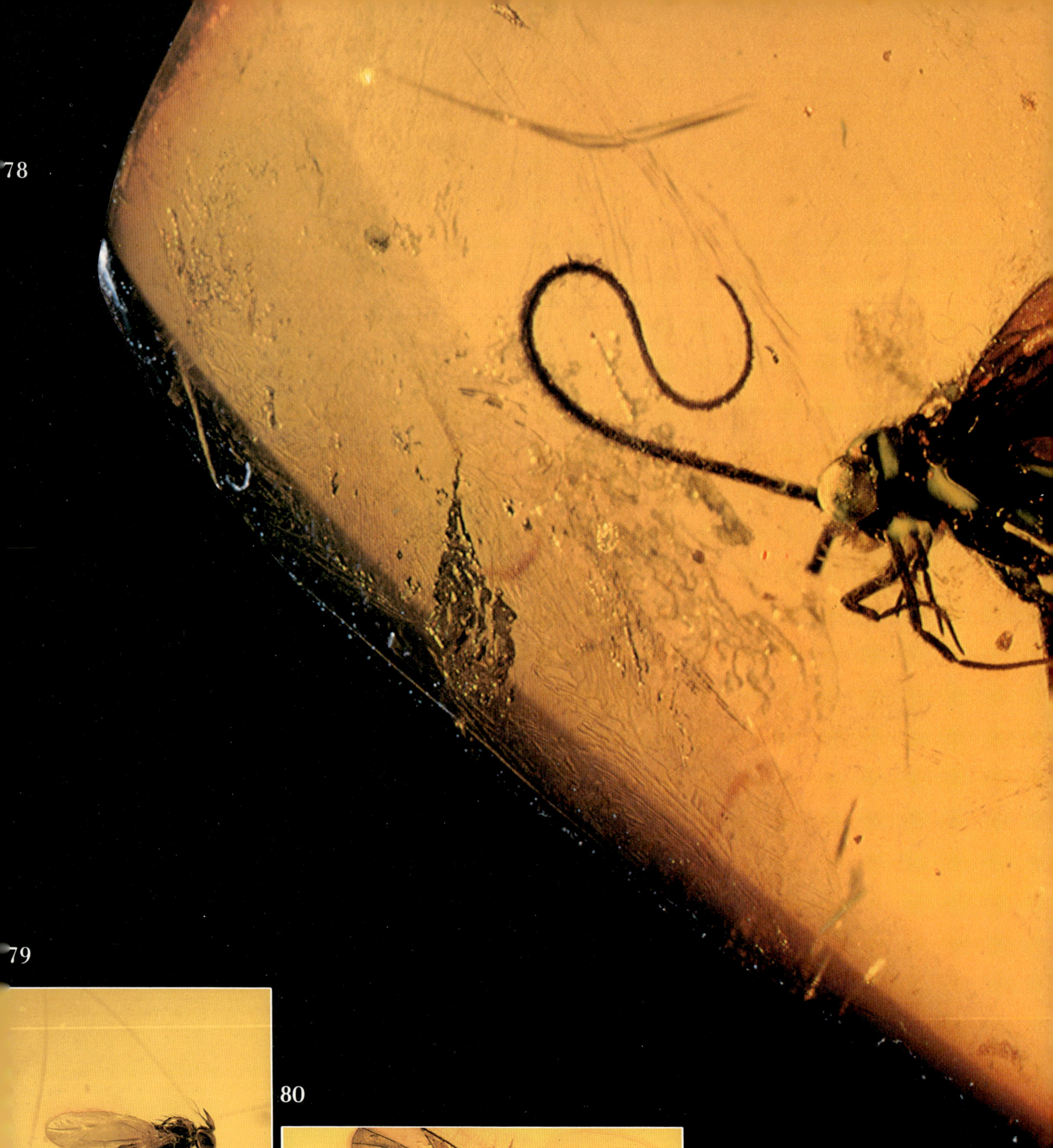

79

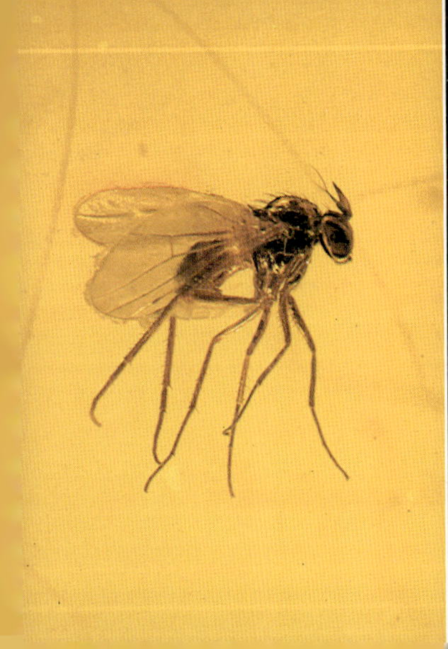

80

81

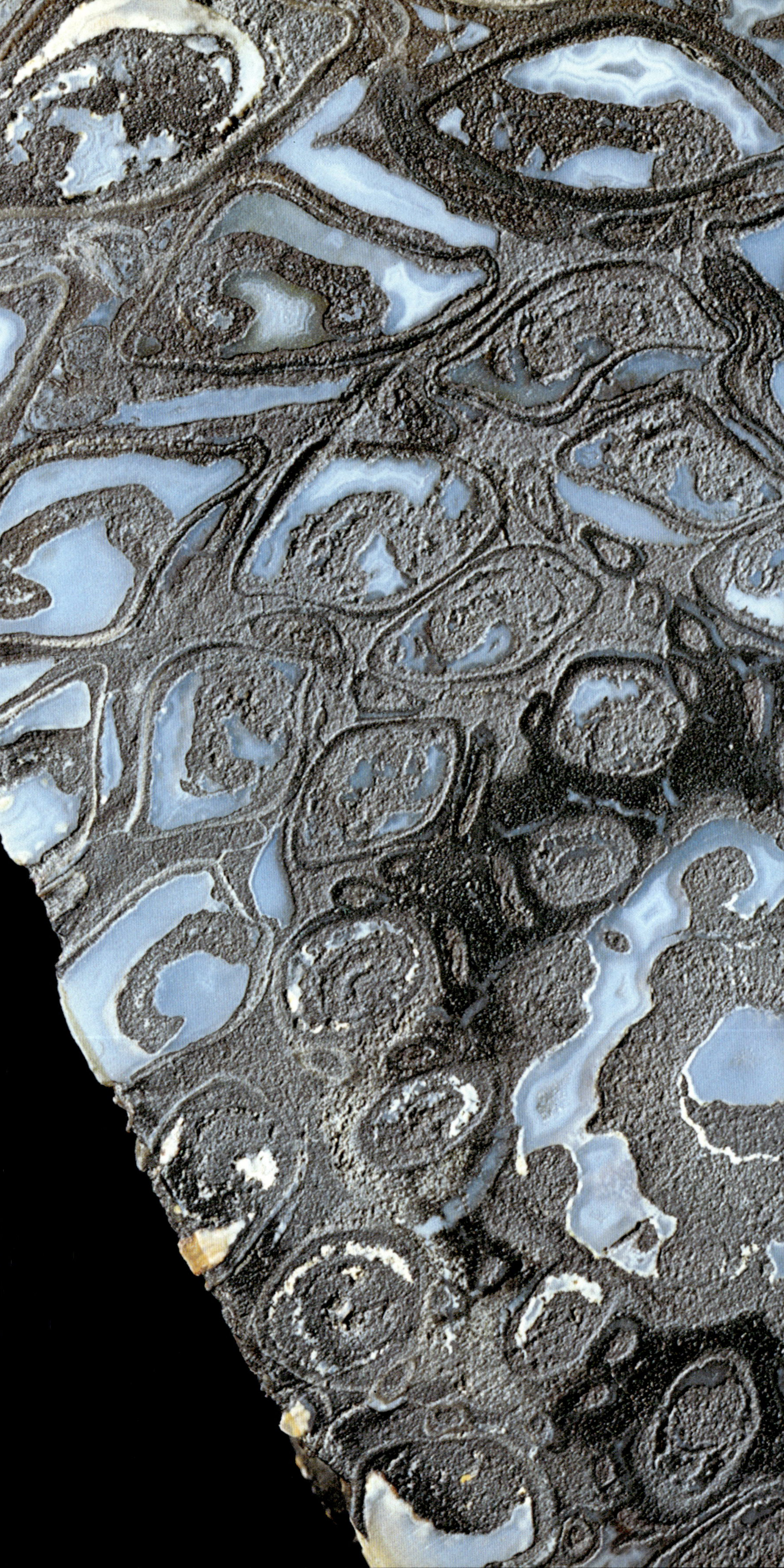

82

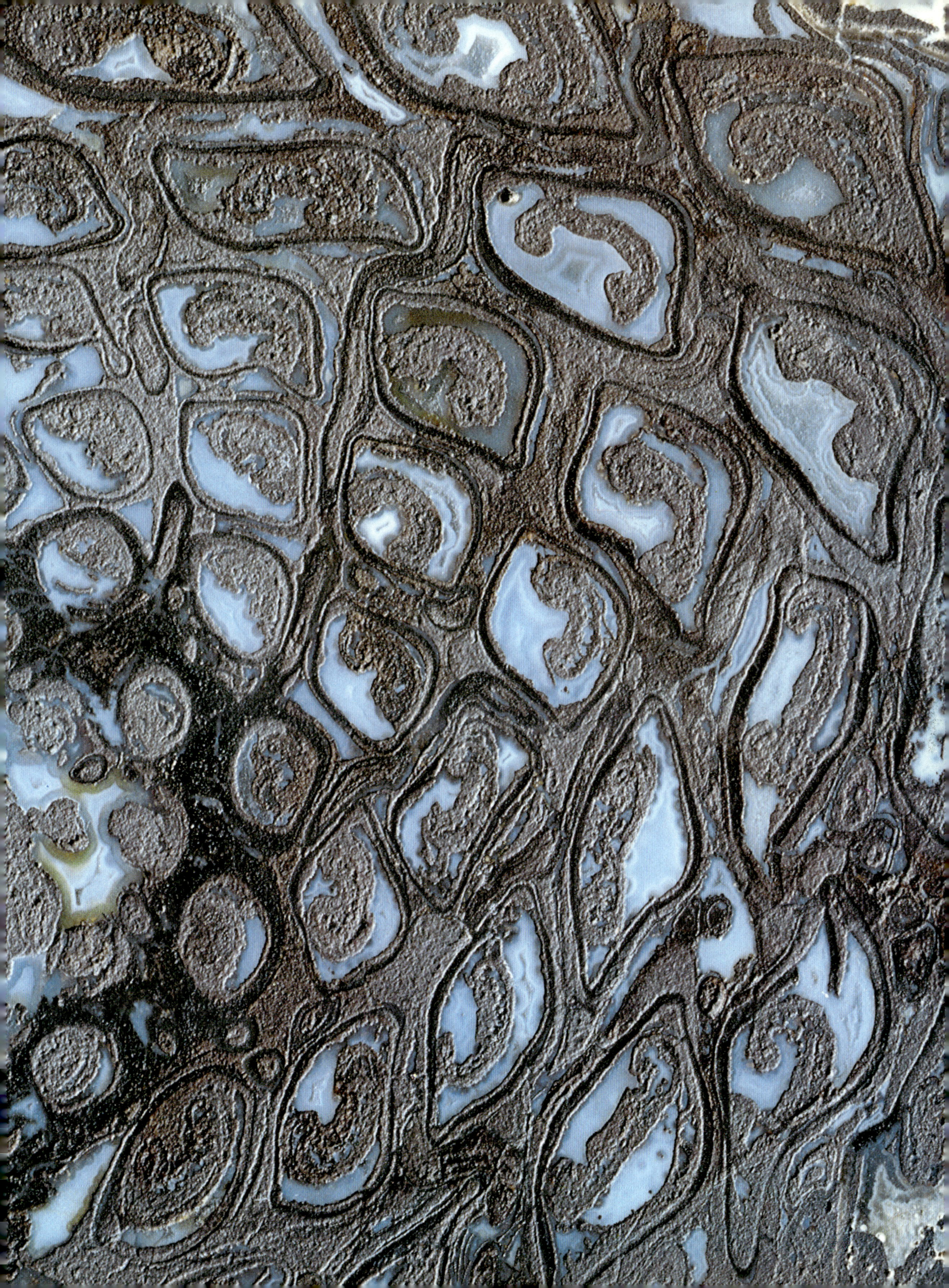

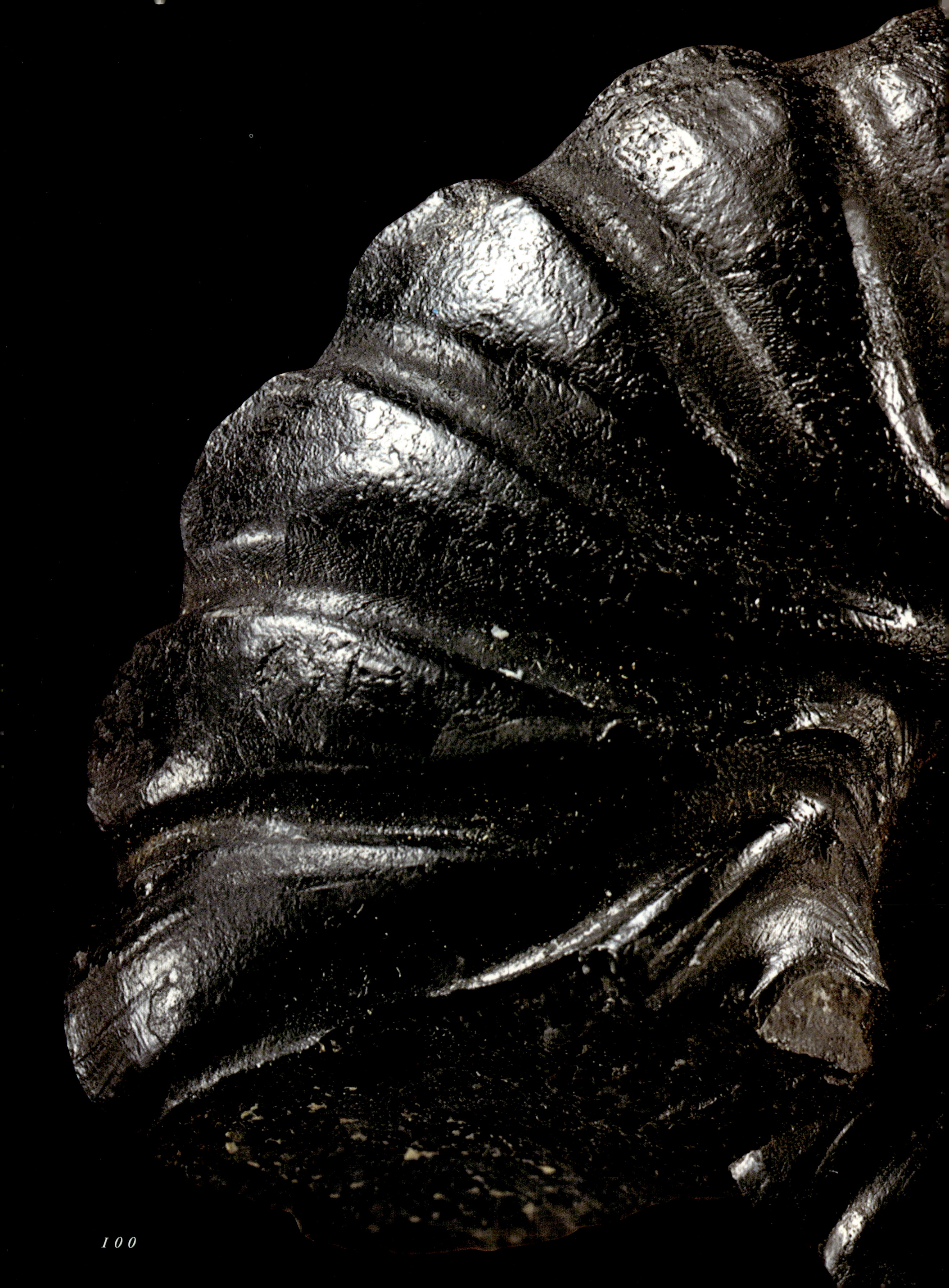

83

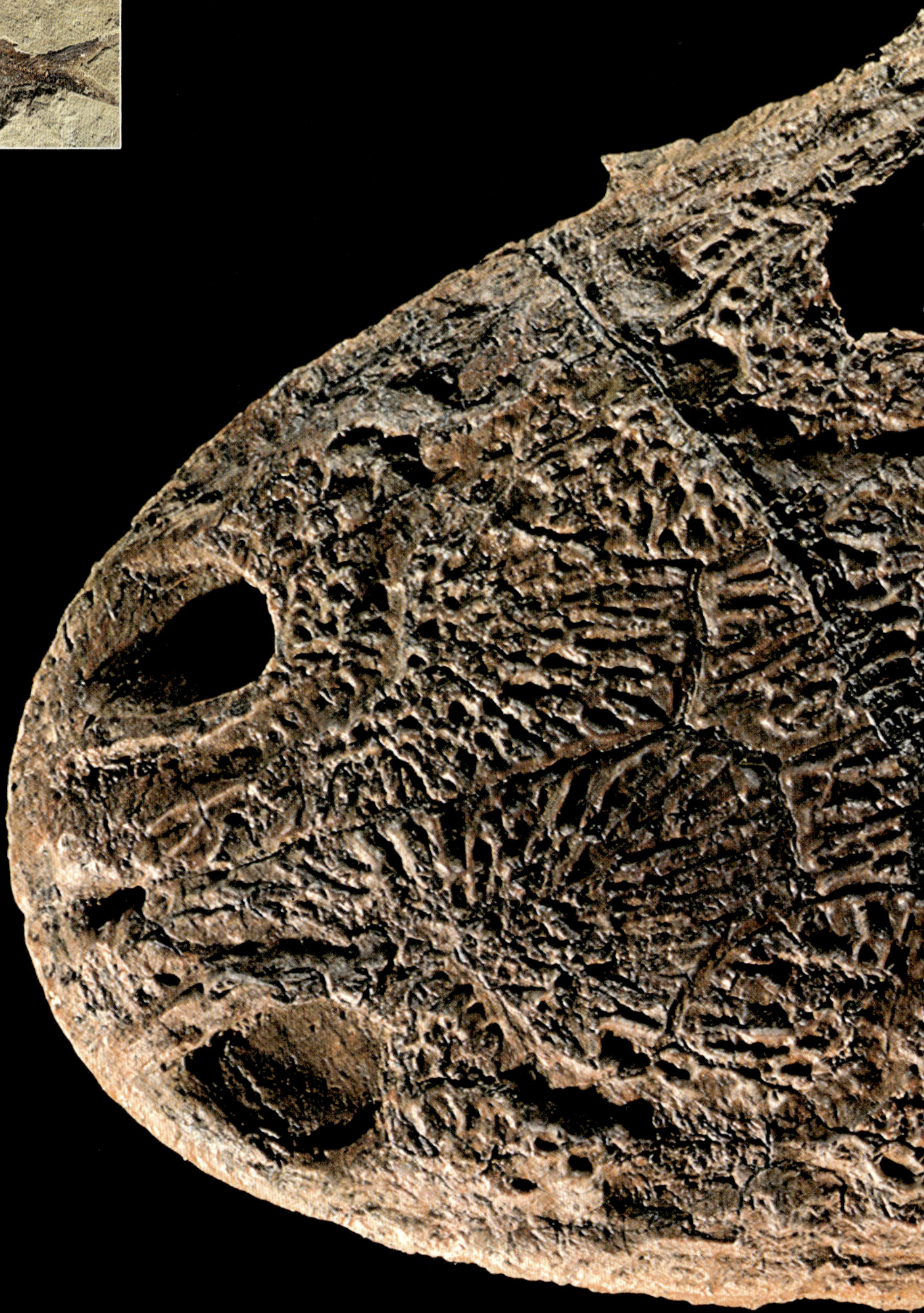

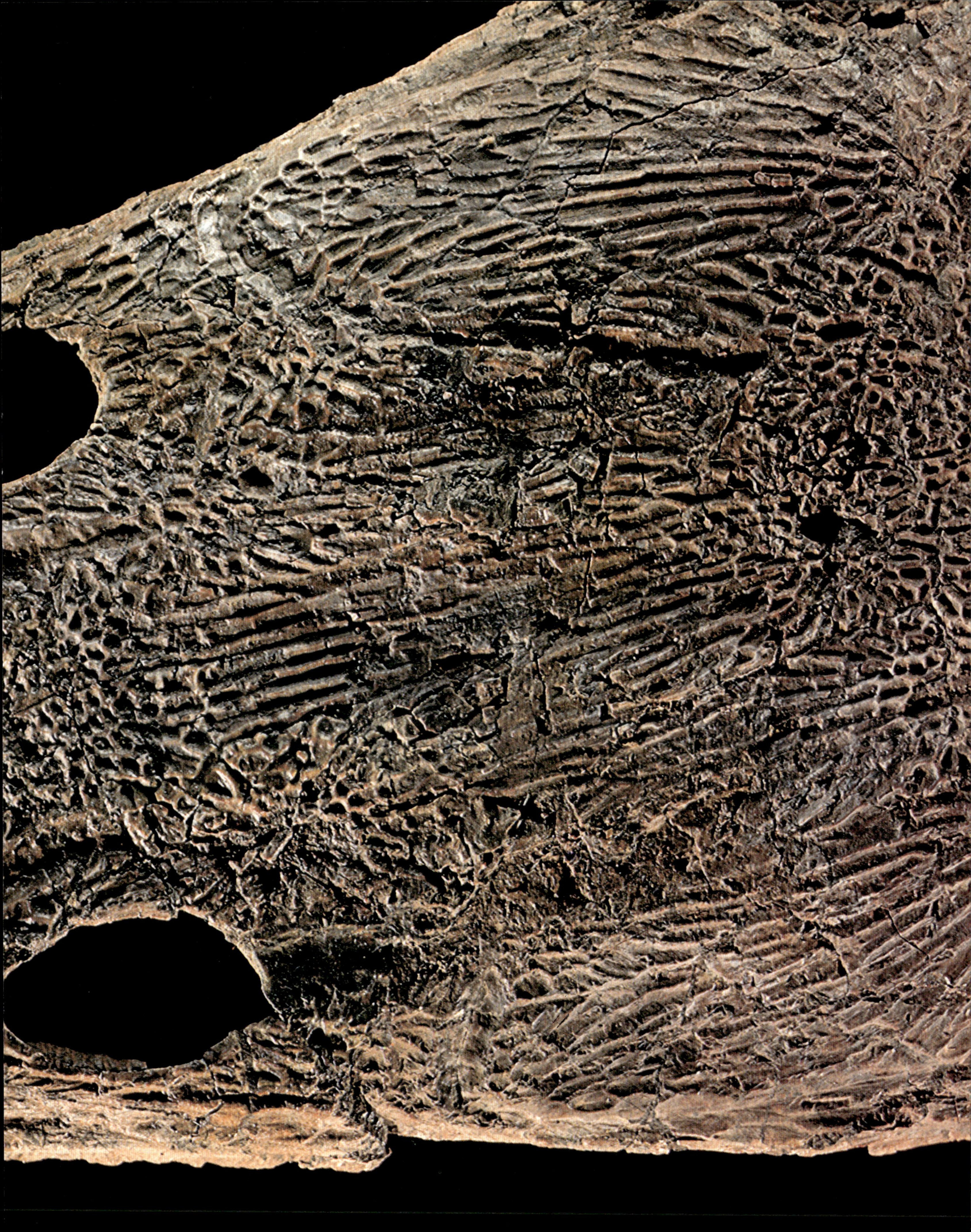

4
Die reichen und fremdartigen Lebensformen

86

Seit zwei Jahrhunderten – seit LINNÉ –, d. h. seitdem Pflanzen- und Tierarten systematisch und mit wissenschaftlicher Sorgfalt geordnet werden, ist man immer wieder überrascht von der unermeßlichen Artenzahl, von der Vielzahl der Formen und Anpassungen.

Allein im Tierreich gibt es schätzungsweise Hunderttausende von fossilen und rezenten Arten, und regelmäßig werden neue entdeckt, die der Aufmerksamkeit der Bearbeiter bis jetzt entgangen sind.

Untersucht man die phantastische Variabilität des Lebens, so erhält man den Eindruck, daß die Natur alle möglichen Kombinationen von Strukturen, morphologischen Typen und Anpassungen ausgebildet und durchgespielt hat. Es scheint, daß sie alle Organisationsformen verwirklicht hat, zu welcher die lebende Materie fähig war.

Und dennoch entdecken wir fortwährend neue außergewöhnliche Formen und Spezialisierungen. Ohne die Kenntnis der fossilen Natur hätten wir nur ein sehr beschränktes Wissen von dem Vorrat an Möglichkeiten, aus dem das Leben schöpft, um sich unablässig den wechselnden Umweltbedingungen anzupassen.

Seit den Grundformen des Lebens, die vor drei Milliarden Jahren erstmals auftraten, bis zu den hochspezialisierten Formen der einzelnen Entwicklungslinien, entwickelte sich das Leben in einem Zusammenspiel von Mutation und Anpassung. Die Natur beschritt dabei vielerlei Wege und formte die unterschiedlichsten Wesen mit ungleichem Schicksal.

Einige der Entwicklungslinien waren „Sackgassen“ und offensichtlich zu einer Weiterentwicklung ungeeignet. Andere hatten eine außergewöhnliche Entfaltung erfahren, bevor unbekannte Ursachen sie erlöschen ließen, manche jedoch überdauerten praktisch unverändert bis in unsere Tage: sie werden lebende Fossilien genannt. Einige Tierklassen sind erst vor kurzem entstanden und befinden sich gegenwärtig in einer Expansionsphase, wie die Vögel und die Säugetiere.

In ihrem langdauernden und irreversiblen Entwicklungsprozeß befolgt die Natur jedoch gewisse Gesetze: Bautypen werden wiederholt, Aufgaben gleich gelöst, ähnliche biologische Systeme geschaffen. Darunter fallen z. B. die Ausbildung von Symmetrien, die Segmentierung, das Einrollvermögen und die Gelenkkonstruktion. Das Leben im Wasser stellt die Organismen vor eine Reihe gleichartiger Probleme, die oft auch in derselben Weise beantwortet werden, gleiches gilt für Landbewohner oder Flieger. Auch Symbiose, Parasitismus, Verteidigung und Aggression führen bei verschiedenen Arten zu gleichen Lösungsansätzen.

87

Pentacrinus bollensis, *ein Echinoderme aus dem Lias Deutschlands. Die Crinoiden oder Seelilien sind Tiere, welche im Laufe des Paläozoikums das erste Mal auftraten. Zeitweise wuchsen sie so dicht, daß man von submarinen Wiesen sprechen könnte. Einige Formen existieren als lebende Fossilien in den heutigen Meeren.*

25
10
108
116
221
848
45

Darauf gehen die vielfältigen Erscheinungen der Homöomorphie (Konvergenzerscheinungen) zurück, die wir im gesamten Verlauf der Evolution häufig beobachten können.

Unterschiedliche Strukturen und Formen

Alle organischen Strukturen können von drei verschiedenen Ebenen aus gesehen werden: dem histologischen Feinbau der Gewebe, dem morphologischen Bau der Organe und zuletzt dem Bauplan des Organismus.

Die Einzeller oder Protozoen gehören teils dem Tierreich und teils dem Pflanzenreich an, zusammen bilden sie eine Welt für sich. Schon bei ihrem ersten Auftreten vor 1,2–1,4 Milliarden Jahren zeigen sie erstaunlich komplexe Strukturelemente. Manche von ihnen können Hartteile abscheiden (Gerüst oder Schale), die der Foraminiferen bestehen aus Kalk, manche Dinoflagellaten verwenden Zellulose, die Radiolarien und Diatomeen SiO_2 als Baumaterial. Die variable Kombination von Bauelementen führt zu einem unglaublichen Reichtum an Formen. Die Foraminiferenschalen sind oft eingerollt und mit regelmäßig eingeschalteten, kompliziert gebauten Wänden unterteilt. Die reichen Ornamente der Radiolarien sind die Freude der Mikropaläontologen; auch das bewundernswerte geometrische Muster der Diatomeen darf man nicht vergessen, genauso wie die erstaunlichen Haare und Nadeln aus Zellulose, die von den winzigen Körpern der fossilen Dinoflagellaten abstehen.

Die ersten Vielzeller kennt man aus dem Präkambrium, vor ungefähr 700 Millionen Jahren, wo sie plötzlich mit einer erstaunlichen Fülle einsetzen. Zur isolierten Einzelzelle treten nun Zellkomplexe, organisiert und spezialisiert, je nach dem Organ, dessen Gewebe sie aufbauen. Jedes Organ besitzt seine eigene histologische Mikrostruktur, die auch fossil vollständig erhalten sein kann. Bei weitem resistenter sind jedoch die Stützorgane („Hartteile", Schalen oder Skelett), denen das Hauptinteresse der Paläontologen gilt. Auch sie weisen spezielle Mikrostrukturen auf, und häufig sind die der einfacheren Organismen am kompliziertesten gebaut. Die Hartsubstanz zahlreicher Wirbelloser ist aus Einzellagen von Kügelchen, Fasern, Prismen oder Lamellen aufgebaut, die sich mehrmals wiederholen können. Der Perlmuttglanz vieler Scha-

88

Die Einzigartigkeit der kalkigen Foraminiferenschalen liegt weniger in ihrer ausgefallenen Gestalt, sondern eher im Reichtum und Ebenmaß der Ornamente. Die kleinsten Arten besitzen einen Durchmesser von nur 1/100 mm, während die größten mehr als 10 cm erreichen können.

len, auch fossiler, ist ein Lichteffekt, der durch Mikrolamellen aus Aragonit hervorgerufen wird. Die Variabilität der Mikrostrukturen ist unerwartet hoch, dies zeigt uns z.B. das Mikroskelett der Schwämme, ein kompliziertes, aber regelmäßiges Gerüst von winzigen Kalk- oder Quarznadeln.

Dieser Feinbau der Einzelelemente und der Gesamtkonstruktion gibt dem Stützgewebe der Wirbellosen ihre Festigkeit und Stabilität.

Jeder Tiergruppe liegt ein spezieller Bauplan zugrunde, der durch einzelne Entwicklungsschritte und Anpassungen vielfältig variiert wird. Dabei entstehen erstaunliche und mannigfaltige Formen. Es liegt auf der Hand, daß die ursprünglichsten Formen auch den primitivsten Bauplan aufweisen; komplexe Bautypen erscheinen erst nach und nach. So sind die Seeigel des Paläozoikums kugelig gebaut, während die des Lias vielfältige Formen zeigen (scheiben-, pyramiden-, herzförmig). In ihrer Evolution gingen Veränderungen der Lebensweise und der Morphologie Hand in Hand. Ein weiteres bekanntes Beispiel sind die Schnecken: Während die heutigen Arten komplizierte, ornamentreiche Gehäuse besitzen, waren die der kambrischen Formen vergleichsweise einfach und urtümlich. Erst der spiralige Gehäusebau, der später erworben wurde, erlaubte diesen Luxus an Formen, der das Ergebnis einer zunehmenden Spezialisierung und zahlreicher Anpassungsschritte war.

Diese wechselnde morphologische Vielfalt beruht auf den zahllosen Kombinationsmöglichkeiten der Einzelelemente. Sie werden um so besser ausgeschöpft, je höher entwickelt die Arten sind. Als Beispiel können uns die Echinodermen dienen. In einem frühen Entwicklungsstadium besitzen sie einfach gebaute Körperkapseln. Später entwickeln sich diese Frühformen zu recht unterschiedlichen Tiergruppen, wie Seesterne, Seeigel, Haarsterne und andere. Ein anderes Beispiel sind die Arthropoden: Aus einem einzigen Grundplan entwickeln sich Trilobiten, Insekten, Spinnen, Krebse ...

Die größte Vielfalt an Bautypen zeigen die Wirbeltiere, die erst 140 Millionen Jahre später als die Wirbellosen auftraten. Sie gehen von einem äußerst einfachen Grundplan aus, der sich in allen Verzweigungen des Stammbaumes nachweisen läßt: Achsialskelett, bilaterale Symmetrie und Ausbildung eines Kopfes. Je nach ihren Lebensbedingungen verändert sich ihr Bau, und sie passen sich an ein Leben im Wasser, in der Luft sowie auf dem Land an. Und jede Lebensweise erfordert einen speziellen Bau: Es gibt den Bauplan der Fische, der Amphibien, der Reptilien, der Vögel und der Säuger. Je erfolgreicher eine Gruppe sich entwickelt, um so mehr Spezialisten tauchen auf, und um so mehr Mög-

89

Aufsicht auf die „Wurzel" eines Echinodermen (Eucalyptocrinus crassus) *aus dem Silur von Indiana (USA). Für ein Tier eine etwas ungewohnte Anpassung: die Crinoiden mit langem Stiel und dem Habitus einer Pflanze benötigen auch eine Wurzel, die sie fest im marinen Untergrund verankert.*

lichkeiten werden realisiert. Die Säugetiere, die als letzte erschienen sind, zeigen dies in der unterschiedlichen Ausbildung der Gliedmaßen: Obwohl bei allen die gleichen Glieder und Gelenke verwertet sind, konnten sich doch so unterschiedliche Extremitäten, wie die Schwimmflosse des Wales, der Pferdehuf, der Fledermausflügel oder die Hand des Menschen, entwickeln.

Symmetrie und Segmentierung

Das Wort Symmetrie bedeutet „mit Maß“ oder auch „Ebenmaß der Proportionen“. Der Symmetriebegriff ergab sich aus Naturbeobachtungen. Erst die Regelmäßigkeit natürlicher Formen führte zu dem Gedanken, daß es bestimmbare und meßbare Beziehungen zwischen den Teilen eines Gegenstandes gibt. So wird unsere Phantasie von der Anordnung von Blütenblättern genauso beeindruckt, wie von der Struktur zahlreicher Früchte, von regelmäßig eingerollten Gehäusen und auch von der bemerkenswerten Regelmäßigkeit der Kristalle.

Andererseits ist das Leben Zufällen unterworfen, die der unbelebten Welt unbekannt sind. Deshalb gibt es in ihr keine vollkommene Symmetrie und noch viel weniger völlig geometrische Formen. Mehr noch, die Beispiele an Disproportionen sind so zahlreich, daß sich keine Regel von einer absoluten Symmetrie aufstellen läßt. So ist die bilaterale Symmetrie der Wirbeltiere ziemlich unvollkommen, die beiden Seiten des menschlichen Gesichtes sind meist etwas unterschiedlich, und die Augen gewisser Plattfische liegen auf derselben Seite der Spiegelebene. In allen Gruppen von Lebewesen gibt es zahlreiche andere Beispiele.

Trotzdem beherrschen die Grundregeln der Symmetrie den Bau der meisten Tiere und Pflanzen.

Theoretisch gibt es drei Formen der Symmetrie: die Punktsymmetrie, die Drehsymmetrie und die Spiegelsymmetrie.

Die Punktsymmetrie (zu jedem Punkt eines Körpers gibt es einen Gegenpunkt, der auf der Geraden liegt, die durch den Punkt und das Symmetriezentrum führt und von ihm denselben Abstand hat) kennt man, strenggenommen, in der Natur nicht. Näherungsweise ist sie von Sporen und Samen sowie einigen Früchten ausgebildet, ebenso von manchen sehr regelmäßig gebauten Mikroorganismen. Allgemein bleibt die Kugelform im Tierreich den primitiveren Gruppen überlassen.

Die Drehsymmetrie erhält man schematisch, indem man von einem Punkt das Lot auf die Achse fällt. Den nächsten Symmetriepunkt erhält man dann durch Drehung des Lots um die Achse in einem bestimmten Winkel. Die Symmetriezahl ergibt sich aus der Anzahl der Drehschritte, die nötig sind, um den Ausgangspunkt wieder zu erreichen. So nennt man die Symmetrie eines Sternes mit fünf Armen „5zählig".

Die Drehsymmetrie ist im Pflanzenbereich weit verbreitet: Es ist die Symmetrie von Pflanzen, Pollenkörnern und Früchten, gewöhnlich ist sie 3-, 5- oder 6zählig.

Häufig findet man sie auch bei pflanzlichen oder tierischen Einzellern, die eine Chitin-, Kalk- oder Kieselschale abscheiden. Es gibt Diatomeen mit einer 3- oder 5zähligen Symmetrie. Aber auch bilateralsymmetrische Formen und Scheiben sind zu finden. Erwähnenswert sind außerdem die Coccolithen der Kreide, deren Symmetrieverhältnisse je nach Art wechseln.

Die Korallen und ihre Verwandten besitzen eine 6- oder 8zählige Symmetrie. Auch sehr komplizierte Formen treten auf, da eine frühe bilaterale Symmetrie von einer Achsensymmetrie überlagert sein kann (z.B. die Seeanemonen). Im allgemeinen besitzen die wenig entwickelten Arten mehr Symmetrieelemente als die höher entwickelten.

Die Echinodermen sind das klassische Beispiel für eine 5zählige Symmetrie: Die Arme des Seesterns, die Ambulacralfelder der Seeigel, die Basalplatten des Seelilienkelches zeigen sie.

Interessanterweise findet man die 5zählige Symmetrie bei Lebewesen häufig, aber nie bei Kristallen, und der Polyeder, der ihr entspricht, tritt in der Mineralogie nie auf.

Die bilaterale Symmetrie kann man mit Bild und Spiegelbild darstellen. Man findet sie schon in den ersten Stadien der Embryonalentwicklung, bei Wirbeltieren genauso wie bei Wirbellosen. Nach dem Durchlaufen einiger Entwicklungsstadien bildet der Embryo in der Regel eine Segmentierung aus. Die Segmente sind meist vollkommen bilateralsymmetrisch, und auch Organe werden zumindest andeutungsweise segmentiert angelegt. Bei den meisten Tierstämmen bleibt die bilaterale Symmetrie erhalten, und das Wachstum erfolgt in Richtung der Körperlängsachse. Häufig ist auch der adulte Organismus segmentiert, so wie bei den Anneliden, deren heutige Gestalt den Formen, die zu Beginn des Paläozoikums auftraten, sehr ähnlich sind. Gut zu sehen ist die Segmentierung an den Ringen des Regenwurmes und den abgeplatteten Gliedern des Bandwurmes. Auch die Arthropoden, die schon zu Beginn des Kambriums (600 Millionen Jahre) in vielen ver-

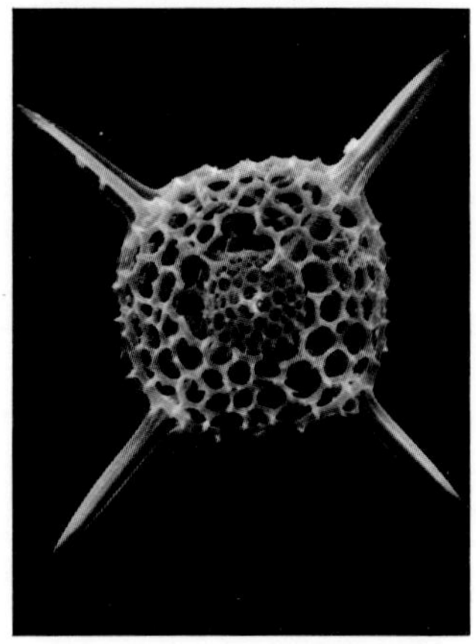

90

Die Kieselschalen der Radiolarien sind eigentlich Kugeln, die aber vielfältig abgewandelt, durchbrochen und verziert sind, so daß es Tausende von Varianten gibt. Die Quartärform Hexacontium asteracanthion *ist ein Gitterwerk aus zwei konzentrischen Kugeln, die mit vier Spindeln verziert sind.*

91

Die Trilobiten, urtümliche Arthropoden sind die Charaktertiere des Paläozoikums. Der Großteil ihres Körpers besteht aus fast identischen Segmenten mit einer deutlichen bilateralen Symmetrie. Hier Aulacopleura konincki *aus dem Silur Böhmens.*

schiedenen Typen auftraten, sind bilateralsymmetrisch gebaut und deutlich segmentiert wie die Trilobiten, Krebse und die Insekten.

Die ursprüngliche Segmentierung hat gleicherweise ihre Spuren im Bau primitiver Weichtiere hinterlassen, so bei den Monoplacophoren, welche seit dem Kambrium bekannt sind. Auch komplizierte Entwicklungsgänge sind möglich: Die Seeigellarve besitzt eine bilaterale Symmetrie, welche nach einer Reihe von Metamorphosen durch die Radiärsymmetrie des erwachsenen Tieres ersetzt wird.

Bei den Wirbeltieren ist ein vergleichbarer Symmetrieplan am Bau des dorsalen Stützorganes, der Wirbelsäule mit dem Zentralnervensystem, zu sehen. In der Embryonalentwicklung werden die Segmente nach den Gesetzen der Bilateralsymmetrie beiderseits des Neuralrohres angelegt.

Auch bei Pflanzen findet man die Spiegelsymmetrie: So sind die Blätter, die Blattnerven und die Blütenblätter häufig bilateral symmetrisch angeordnet und auch zahlreiche Früchte besitzen eine bilateralsymmetrische Form.

Die Gesetze der Mathematik

Die wissenschaftliche Realität des 20. Jh. ist weit entfernt von der Metaphysik Platons. Aber auch heute noch vermittelt die Natur ein Gefühl von Harmonie und Schönheit. Diese Schönheit beruht auf der Vollkommenheit der Formen und ist gleichzeitig eine funktionelle Notwendigkeit: Die Natur macht nichts ohne Grund. Zwei geometrische Figuren, die Spirale und der Stern, dominieren in der Vielfalt, die die lebende Materie zuläßt. Das zunehmende Einrollen in der Entwicklungsgeschichte der Weichtiere führt zu Plan- und Schraubenspiralen. Gleicherweise gibt es spiralige Foraminiferenschalen. Auch die Hörner des Widders oder des Mufflons zeigen den Spiralbau. Die Schnecke im Innenohr des Menschen, die Cochlea, ist eine Spirale, die einen Kegel umläuft. Die Kreuzspinne verbindet beim Bau ihres Netzes die strahligen Radialfäden mit einer Spirale. Auch das Pflanzenreich bietet viele Beispiele: Die Kerne der Sonnenblume, die Schuppen der Kiefernzapfen oder der Ananas und die Blütenblätter des Gänseblümchens sind in gegenläufigen Spiralen angeordnet. Auch Blätter wachsen häufig schraubenförmig um den Stengel.

Ein weiteres häufiges Muster der Natur sind die Sterne. Von diesen Körpern ist der fünfarmige Stern besonders bemerkenswert. Man findet ihn oft bei Pflanzen und Tieren, z. B. bei den Blättern eines Stengels. Hier beginnt nun die Mathematik: Der Fünferstern ist in ein regelmäßiges Fünfeck einbeschrieben (man erhält es, indem man die Sternspitzen verbindet), Fünferstern und Fünfeck stehen in einer besonderen mathematischen Beziehung zueinander, welche sich durch die Zahl $\Phi = 1{,}618$ ausdrücken läßt. Man findet sie übrigens in einer ganzen Reihe von mathematischen Beziehungen. So kann man eine Gerade so teilen, daß sich der größere Abschnitt zum kleineren genauso verhält wie die Gesamtlänge zum größeren. Der Quotient ist immer 1,618. In der anwachsenden Folge 1, 2, 3, 5, 8, 13, ... stellt jedes Glied die Summe der beiden vorausgegangenen dar; es ist die Fibonaccifolge. Der Quotient zwischen einer Zahl und ihrer vorhergehenden schwankt um 1,618 (13/8, 8/5, ...). Der spiralige Umlauf von Blättern um einen Stengel gehorcht ebenfalls oft Zahlen, welche zur Folge des Fibonacci gehören. Häufig steht ein Blatt erst dann senkrecht über einem unteren, wenn drei Spiralumläufe mit acht Blättern dazwischen liegen, andere Zahlenpaare sind 1/3, 2/5, 5/13. Diese Anordnung ermöglicht einen maximalen Lichtgenuß der Einzelblätter.

Die Schuppen der Kiefernzapfen bilden fünf Spiralen in der einen Richtung und acht in der anderen, oder acht und dreizehn. Dasselbe gilt für das Gewächs Topinambur: man findet die Zahlen 89 und 144; aber auch andere Pflanzen zeigen ähnliche Phänomene. Alle diese Zahlen sind Glieder der Folge des Fibonacci, und ihr Verhältnis ist 1,618.

Es geht noch weiter: Man kann eine Folge von Quadraten konstruieren, deren Seitenlängen eine Fibonaccifolge bilden. Dabei fügt man einem Quadrat der Seitenlänge 1 ein zweites derselben Seitenlänge an, dann eines der Seitenlänge 2, der Seitenlänge 3, 5, 8, ..., immer im gleichen Umlaufsinn. Die Mittelpunkte dieser Quadrate liegen auf einer Spirale, die logarithmische oder Bernoullispirale genannt wird. Sie ist genau die Spirale der Molluskengehäuse, der Blumensamen, eigentlich der meisten Spiralen, die die Natur anlegt.

Es ist die Kurve, die sich aus einem harmonischen Wachstum ergibt, denn in allen Umgängen bleiben die gleichen Proportionen erhalten. So kann eine Pflanze oder ein Tier wachsen, ohne seine Form zu ändern, und dies ist auch der Grund einer derartigen Konstruktion.

Die Zahl $\Phi = 1{,}618$ wird goldene Zahl genannt. Sie war schon bei den alten Griechen bekannt und mathematisch definiert. Auf empirische Weise muß man sie schon sehr früh erhalten haben. Die Denkmäler und

92

Ein schönes Beispiel der Schraubenspirale – die dreidimensionale Ausgabe der logarithmischen Spirale – und ein Produkt der Natur: Es ist der Steinkern eines Schneckenhauses aus der germanischen Trias und besteht aus reinem Calzedon.

93

Nicht nur die logarithmische Spirale ermöglicht regelmäßige Windungen, die Natur kennt auch noch andere Bauweisen, so wie hier bei Archimedipora archimedes. *Diese Spirale wurde von Bryozoen, welche mit Algen vergesellschaftet waren, aufgebaut und stammt aus dem Kambrium von Illinois (USA).*

Kunstgegenstände der vorhellenischen Zeit sind reich an geometrischen Figuren, bei denen die goldene Zahl angewandt wurde. Wahrscheinlich wurde das Prinzip bei Naturbeobachtungen erkannt.

Die drei Punkte, die eine Gerade in diesem Sinne begrenzen, bilden den Goldenen Schnitt oder die göttlichen Proportionen. Der menschliche Körper ist zum Teil danach gebaut: die Proportionen des Gesichtes, die Höhe des Gesamtkörpers zu der des Nabels, die Extremitäten unter sich...

Nach dem Goldenen Schnitt kan man ein Goldenes Rechteck konstruieren, die Seiten verhalten sich zueinander wie 1,618:1. Schneidet man von dem Rechteck ein Quadrat von der kürzeren Seitenlänge ab, so erhält man letztlich wieder ein Goldenes Rechteck. Nach mehrmaliger Wiederholung werden die Abschnitte zunehmend kleiner, und es ergibt sich ein Muster, das wiederum die Konstruktion einer logarithmischen Spirale ermöglicht.

Streng genommen, arbeitet die Natur nur in erster Näherung mit dem Prinzip der Goldenen Zahl. Aber oft ist der Näherungswert erstaunlich gut, und keine andere Zahl als diese, die Kepler den „Edelstein der Geometrie“ nannte, tritt mit dieser Konstanz auf.

So liegt der Unendlichkeit der natürlichen Formen, die uns mit Staunen und Freude erfüllen, ein einfaches mathematisches Verhältnis zugrunde. Wir befinden uns hier an einem Punkt, wo sich die Mathematik mit der Welt des Lebendigen trifft.

Das Phänomen Leben und die erstaunlichen Formen der Biologie

Seit dem Auftreten der ersten Bakterien bis zur Entwicklung des Menschen war das Leben immer größeren Anforderungen ausgesetzt, so daß es zunehmend komplexere Funktionen erfüllen mußte. Auf vielfältigste Weise paßte es sich den neuen Umweltbedingungen an: es wurde immer differenzierter. So entstanden z. B. durch Spezialisierung der Zellen die verschiedenen Gewebe und Organe.

Bei einer Reihe von Tieren, die heute verschwunden sind, gibt es hervorragende Beispiele von Spezialisierung durch Anpassung; so bei den großen Reptilien des Mesozoikums, die uns gut bekannt sind.

Die Anpassung ist nichts anderes als die Fähigkeit des Individuums, mit den ungünstigen Lebens-, d.h. Umweltbedingungen fertig zu werden. Die natürliche Selektion scheidet diejenigen Lebewesen aus, die nicht fähig sind, sich anzupassen. Die Mutation ändert die genetische Substanz einer Art und könnte prinzipiell auch neue morphologische Eigenschaften erzeugen.

Wahrscheinlich bedingen sich diese drei Faktoren gegenseitig: Eine Mutation kann sich nur dann durchsetzen, wenn eine natürliche Selektion stattfindet, die zu einer Anpassung führt.

Auf die Anpassung gehen die Konvergenzerscheinungen zurück, die man besonders bei den marinen Wirbeltieren beobachten kann: Die Fische, die mesozoischen Reptilien mit Schwimmflossen, wie der Ichthyosaurier, die Meeressäuger, wie der Wal oder Delphin, oder bestimmte Tauchvögel, wie z.B. der Pinguin, entwickelten als Anpassung an das Wasserleben alle einen hydrodynamischen Körperbau.

Man könnte hier noch weitere Beispiele anführen; denn Anpassung tritt nicht nur bei den Wirbeltieren, sondern auch bei den Wirbellosen und den Pflanzen auf und sowohl in der fossilen als auch in der heutigen Natur.

Wie andere Typen von Organismen, so sind auch die Wirbeltiere in verschiedene Lebensräume eingedrungen, woraus zahlreiche Anpassungsformen resultieren. Sie lernten schwimmen, fliegen, laufen und springen. Unterschiedlichen Ernährungsweisen entsprechen Differenzierungen des Gebisses oder des Schnabels, ja sogar Schädel, Skelett und Muskulatur sind der Nahrungsaufnahme angepaßt.

Klima, Farbe der Umwelt oder andere Eigenschaften des Lebensraumes bedingen ebenfalls die Entstehung besonders angepaßter Arten.

Wer an der Verknüpfung der Evolutionsreihen Interesse gefunden hat, wird um so erstaunter sein, die Zeugen menschlicher Vergangenheit kennenzulernen: Australopithecus, Pithecanthropus, Neandertaler...

Sie stellen zwar schon spezialisierte Seitenzweige der menschlichen Linie dar, aber jeder verkörpert einen weiteren Schritt in der Entwicklung des Menschen, eine Steigerung des Intellekts, der die reinen Instinkthandlungen immer mehr verdrängt. Es waren die gründlichen Untersuchungen der Paläontologen, die unser geringes Wissen über die Lebewesen der Vergangenheit erweiterten und uns den ganzen Evolutionsablauf erschlossen.

94

Ein bemerkenswertes Übergangsglied der Evolution: Archaeopteryx, aus dem oberen Jura in Bayern. Als Vermittler zwischen Reptilien und Vögeln besitzt es die typischen Eigenschaften der Reptilien (Kiefer mit Zähnen, langer Schwanz mit Wirbeln, Krallen an vier Gliedern) und die der Vögel (Form der Flügel und Federn).

Verschwundene Formen und lebende Fossilien

Von den Millionen Formen, die die Evolution in Millionen von Jahren hervorgebracht hat, sind viele erloschen; andere wandelten sich fast ständig, einige seltene Arten jedoch überdauerten fast unverändert.

In jeder geologischen Periode herrschten andere Tiergruppen, die von ihren Vorläufern und Nachfolgern verschieden waren. In den riesigen Wäldern des Paläozoikums entfalteten sich die Baumfarne, deren Stämme eine Höhe von 40 m erreichen konnten, gigantische Equiseten (Verwandte des Schachtelhalmes) und die Pteridospermen, seltsame „Samenfarne", mit majestätischem Wuchs.

In den Meeren entwickelten sich die fremdartigen Panzerfische, darunter Arten mit gewaltigen Kiefern. Auf dem Meeresgrund wimmelte es von Trilobiten; mit ihnen zusammen lebten die Gigantostraken, im Wasser lebende Arthropoden mit kräftigen Scheren. Manche wurden bis zu zwei Meter lang, wie der *Pterygotus.*

Alle diese Gruppen starben zu Beginn des Mesozoikums aus, nachdem sie vorher bis zu 100 Millionen Jahre überdauert hatten.

Im Mesozoikum erfolgte eine explosionsartige Entwicklung und Artenaufspaltung der Ammoniten, mehr als 10 000 Arten sind uns aus dieser Zeit bekannt. Doch als das Mesozoikum zu Ende ging, war von dieser Formenfülle nichts mehr übrig; aus bis jetzt unbekannten Gründen sind damals sämtliche Ammoniten ausgestorben. Ihre berühmtesten Zeitgenossen, die Dinosaurier, hielten eine Vielzahl von ökologischen Nischen besetzt. So gab es hochspezialisierte Typen mit oft ungewöhnlichen Anpassungen. Der riesigen Größe der einen dürfte das furchterregende Aussehen anderer Formen nicht nachgestanden haben. Sie wurden bis zu 20 Meter lang und waren über den ganzen Erdball verbreitet; am Ende der Kreidezeit gab es auch sie nicht mehr. Zur selben Zeit starben noch andere große Reptilien, die hervorragend an das Wasserleben angepaßt waren, aus: z.B. die Ichthyosaurier, Reptilien mit überlang entwickelter Schnauze, oder die Plesiosaurier, deren langer Hals aus 76 Wirbeln aufgebaut war. Keine einzige dieser spektakulären und gewaltigen Tierarten überlebte das Ende des Mesozoikums, ebenso wie eine ganze Reihe weiterer fremdartiger Geschöpfe, die nur in diesem Zeitalter zu finden sind.

Im Tertiär setzte sich zunehmend unsere heutige Flora und Fauna durch. Die Mehrzahl der Gruppen, die damals erschienen, haben in ihren Nachkommen bis heute überlebt. Verschwunden sind jedoch die

95

Ein Wedel von Neuropteris speciosa, *einer Pteridosperme aus dem Karbon Frankreichs. Da man keinen besseren Namen fand, hat man diese fremdartigen Pflanzen Samenfarne getauft. Es waren üppig wuchernde Bewohner der Kohlenwälder, die Ende der Kreide endgültig ausstarben, nachdem sie vorher weltweit verbreitet waren.*

gewaltigen Riesenvögel, wie der *Diatryma* des Eozäns, der *Phororhacos* des Miozäns sowie die Quartärformen *Aepyornis* aus Madagaskar und *Dinornis* aus Neuseeland. Die letzten Vertreter dieser urtümlichen Vogelarten wurden sogar noch zu Beutetieren der ersten Menschen.

Südamerika, das lange Zeit isoliert war, brachte eine eigene Säugetierfauna hervor, die jedoch wieder ausstarb, als nordamerikanische Carnivoren am Ende des Tertiärs in den Süden eindrangen. Die Beuteltierfamilien, die sie auslöschten, waren ebenso zahlreich und verschiedenartig wie die Placentatiere, die an ihre Stelle traten. Ähnliches wiederholte sich im Quartär, als das rätselhafte *Glyptodon,* ein gepanzertes Gürteltier, und noch weitere Vertreter aus der Ordnung der Zahnarmen ausstarben.

Das größte landbewohnende Säugetier war das in Asien lebende *Baluchitherium,* ein sechs Meter hohes Rhinozeros, das im Miozän ausstarb. Besser informiert sind wir über das Mammut, einem Zeitgenossen des Höhlenmenschen, da die Entwicklung der Rüsseltiere vom Eozän bis heute wohl bekannt ist.

Die verschwundenen Formen sind für unsere Phantasie kaum faßbar, noch viel faszinierender sind aber die Überbleibsel aus weit entfernten geologischen Zeiten, die lebenden Fossilien, Zeugen aus schon lang vergangenen Epochen. Die meisten Reliktformen finden wir unter den Wirbellosen. Der grazile Nautilus, das Perlboot, scheint geradewegs aus dem späten Kambrium zu stammen. Die Crinoiden oder Seelilien schwankten schon im Wellenschlag des Silurmeeres. Der bizarre Limulus, ein Arthropode mit Rückenschild und langem Schwanzstachel, hat sich seit der Trias nicht mehr verändert. Die Skorpione und Spinnen leben und gedeihen schon seit 350 Millionen Jahren. Die Termiten kennen wir aus dem Bernstein des Oligozäns (36 Millionen Jahre). Libellenarten des Solnhofner Plattenkalkes (Jura) fliegen heute noch in Japan.

Bei den Fischen denkt man unwillkürlich an die Quastenflosser *(Latimeria chalumnae),* deren erste Formen aus dem Devon bekannt sind und die seit der Kreide ausgestorben zu sein schienen. So war die Überraschung groß, als 1938 bei den Komoren, einer Inselgruppe im Indischen Ozean, das erste lebende Exemplar gefischt wurde, dem später noch weitere Fänge folgten. Auch die Dipnoi, die Lungenfische, welche schon in den Seen und Flüssen des Devon lebten, sind heute noch in wenigen Arten vertreten.

Unter den Amphibien gibt es ebenfalls lebende Fossilien, wie der seltsame Riesensalamander Asiens, eine Art, welche sich seit dem Miozän nicht mehr verändert hat. Ein weiteres Amphibienrelikt lebt in den

96

Seit ihrem ersten Auftreten im Karbon durchliefen die Spinnen ohne Hindernis die geologischen Zeiträume, ja sie paßten sich sogar hervorragend an vom Menschen geschaffene Lebensräume an. Die hier abgebildete Spinne ist in Bernstein aus dem Baltikum eingeschlossen. Trotz ihrer 30 Millionen Jahre gleicht sie unseren heutigen Spinnen.

Karsthöhlen Jugoslawiens. Es ist der Grottenolm, dessen nahe Verwandte aus dem Eozän bekannt sind. Bei den heutigen Reptilien findet man Formen, die zweifellos an die Monster des Mesozoikums erinnern: Die heutigen Krokodiltypen schlossen ihre Entwicklung in der Kreide ab. Das wunderliche Sphenodon, die Brückenechse Neuseelands, ist der letzte Vertreter einer Tiergruppe, die ihre Blütezeit im Mesozoikum hatte und sich seit dem Jura kaum noch verändert hat. Die Riesenschildkröten der Galapagosinseln und der Seychellen gleichen in erstaunlicher Weise ihren Vorläufern aus dem Tertär.

Auch die Säugetiere warten mit einigen Überraschungen auf. Im Okapi, einer Giraffe des afrikanischen Urwaldes, scheinen miozäne oder pliozäne Formen wieder auferstanden zu sein. In derselben Gegend trifft man auch die Erdferkel an, hochspezialisierte Röhrenzähner, welche seit dem Miozän existieren. Madagaskar ist das Rückzugsgebiet eines kleinen Halbaffen, des Fingertieres. Es ist der einzige Überlebende einer Familie, welche in anderen Gegenden vor 35 Millionen Jahren ausstarb. In den Wäldern Indonesiens führen kleine Primaten ihr heimliches Leben, es sind die Tarsiiden (Gespensteraffen), deren nächste Verwandte vor 50 Millionen Jahren lebten.

Nicht vergessen darf man den Desman (Asiatische Bisamspitzmaus), einen Insektivoren ähnlich dem Maulwurf, der an den Wildbächen der Pyrenäen lebt. Er ist heute vom Aussterben bedroht, nachdem er die 20 Millionen Jahre seit dem Miozän unverändert überlebt hat.

Die Beuteltiere stellen insgesamt ein Relikt dar. Die maximale Entfaltung dieser altertümlichen Säuger erfolgte in der Kreide, danach konnten sie sich nur noch in den Rückzugsgebieten Südamerika und Australien halten.

Einige andere Formen sind unsere Tierwelt so fremd, daß sie nur schwer in das geläufige Evolutionsschema passen: Der Schnabeligel und das Schnabeltier sind eierlegende Säugetiere, der Kiwi ein Vogel ohne Schwanz und Flügel und der Hoatzin (Zigeunerhuhn), ein Vogel des Amazonasgebietes, mit Krallen an den Flügeln. Wie kam es, daß diese Arten gleichsam vom Zug der Evolution absprangen? Fast immer lag es an ihrem Lebensraum, dessen Bedingungen sich wenig geändert hatten: Wälder der Tropen, Höhlen, Ozeane, isolierte Inseln. Aber auch die Evolutionsgeschwindigkeit spielt eine Rolle. Sie kann so gering sein, daß jede Entwicklung gestoppt scheint, wie bei den Quastenflossern. Auch das Gegenteil ist möglich, eine rasche und umwälzende Spezialisierung kann, wie bei den Tarsiiden, eine extrem gute und lange Zeit erfolgreiche Anpassung ermöglichen.

97

98
99

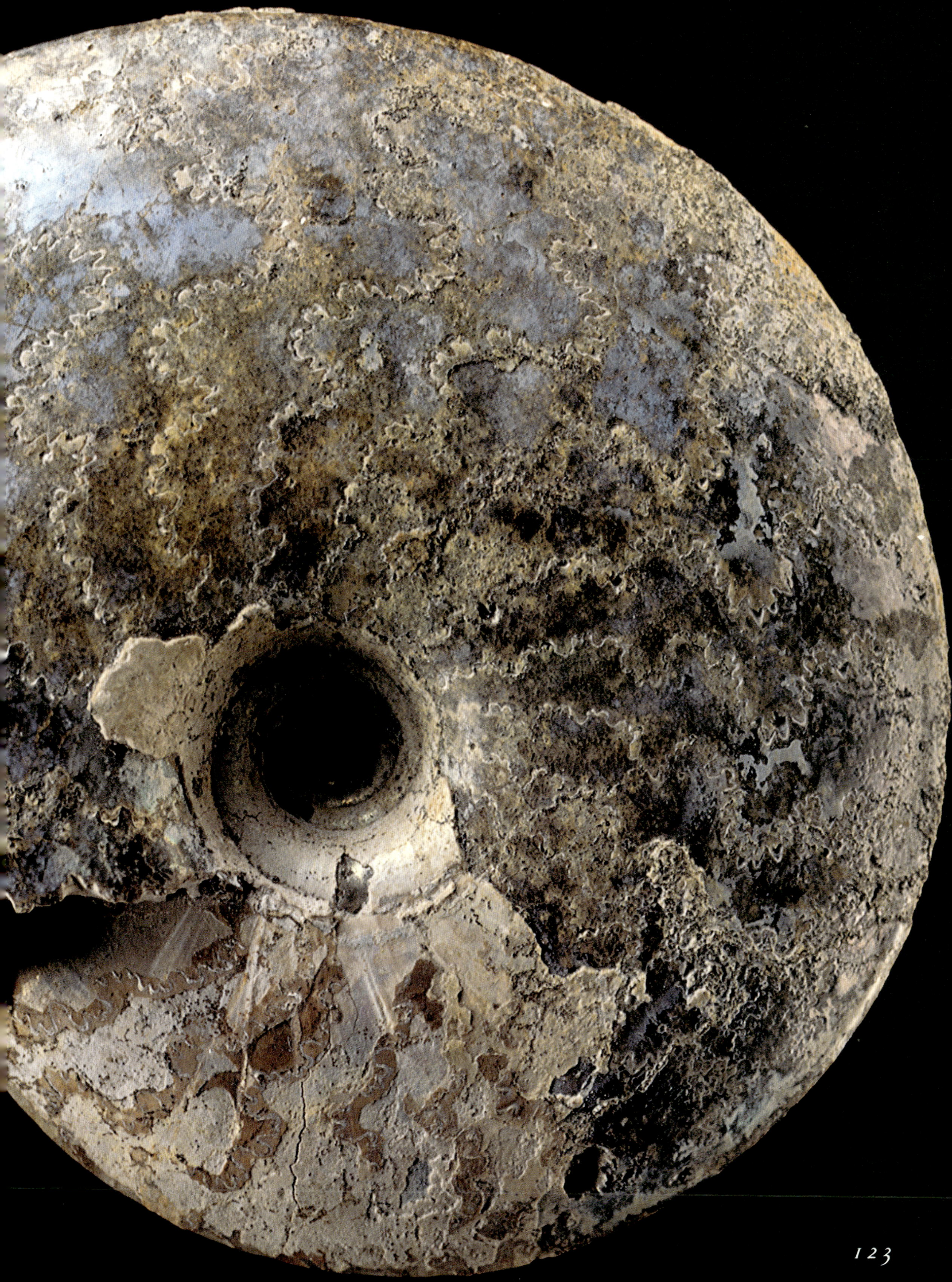

101

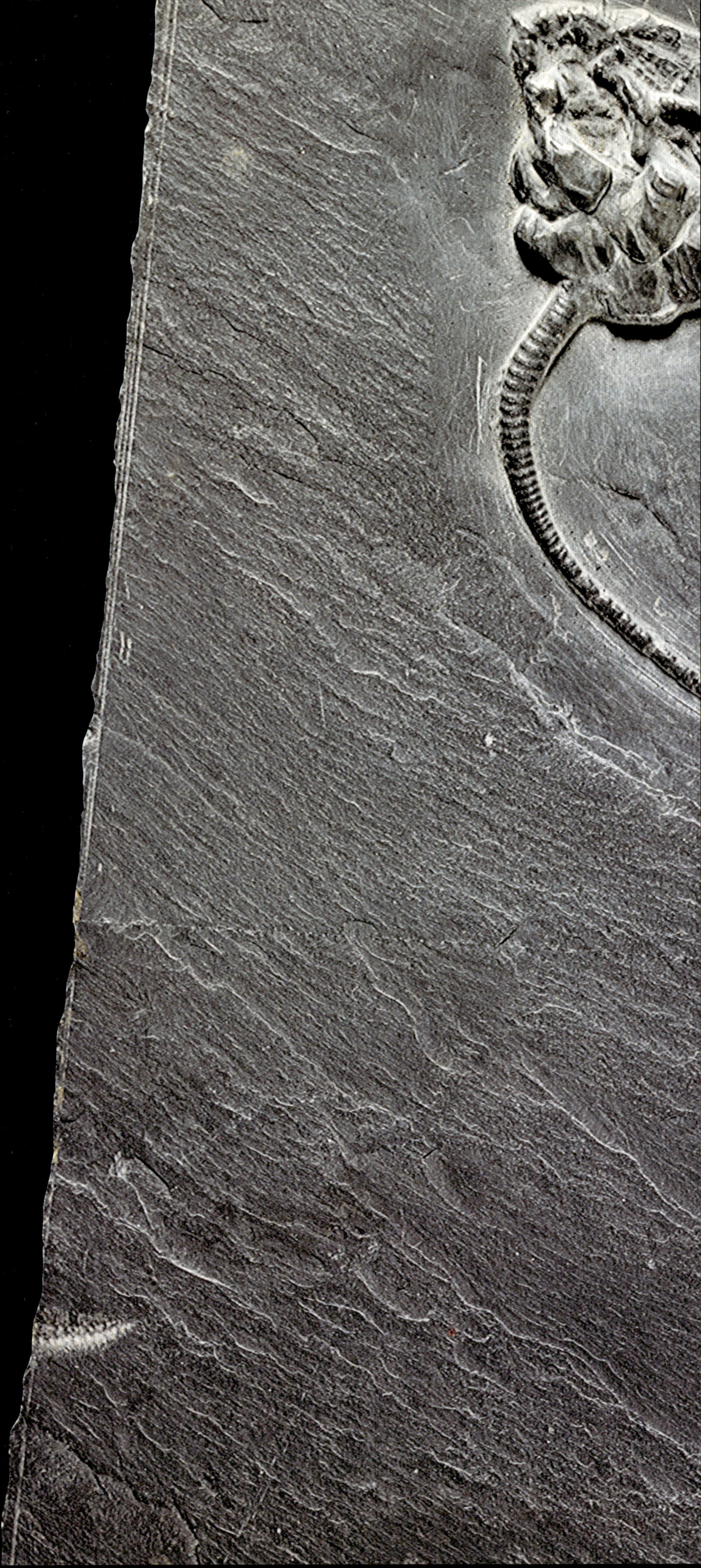

102

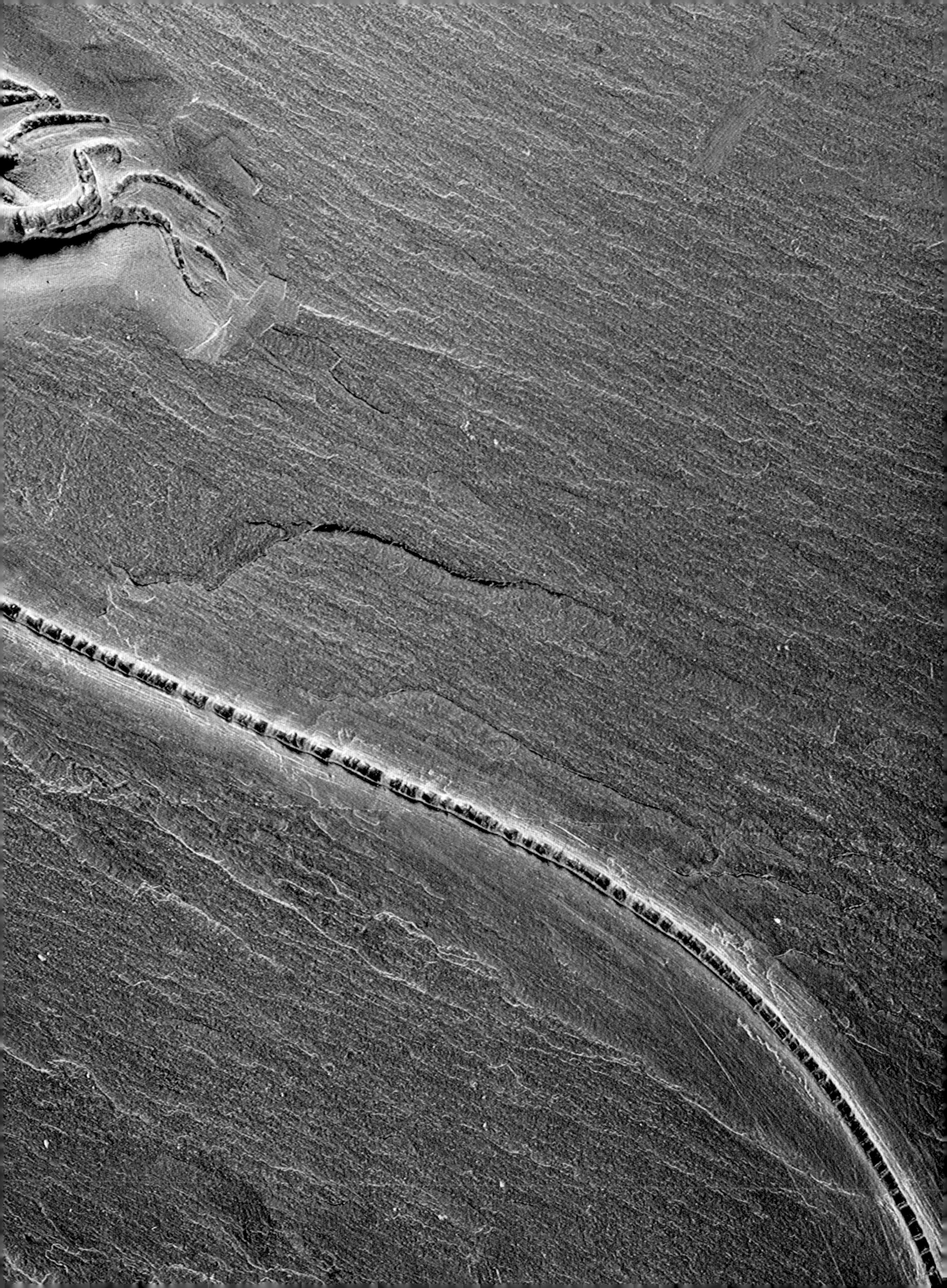

04

105

107

108

111

112

113

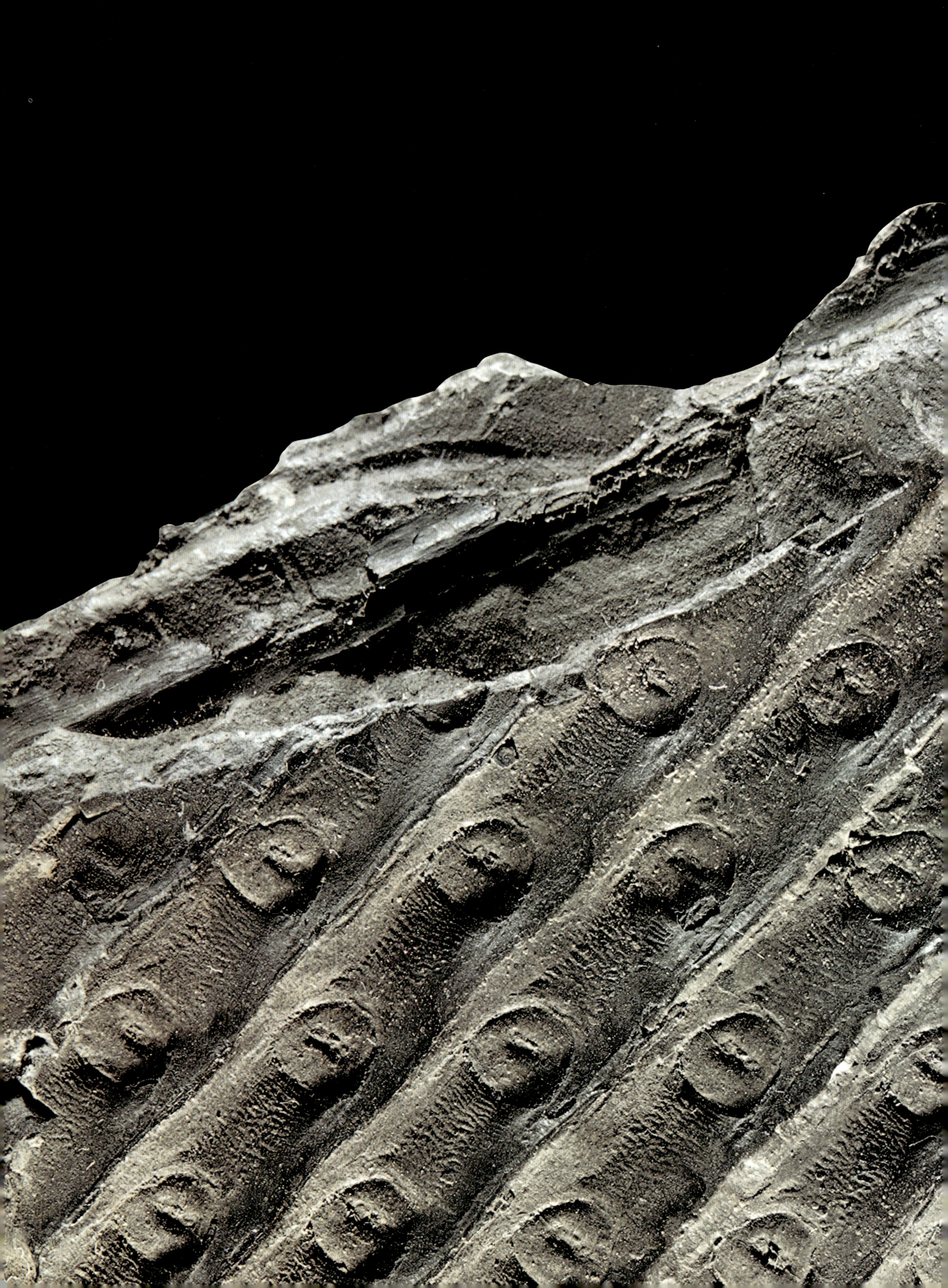

5
Maß und Maßlosigkeit der Erdgeschichte

114

Wann entstand die Erde? Wann begann das Leben? Wann erscheint der erste Mensch?

Viele Fragen, deren fundamentale Bedeutung sich an der Angst messen läßt, die immer wieder mit den „Weltuntergangsprognosen“ gekoppelt war.

Wenn auch Fossilien nicht die Zukunft voraussagen können, so informieren sie uns doch umfassend über die Entwicklung der Umwelt, über die verschiedenen Zeitabschnitte, die bis jetzt die Geschichte des Lebens geprägt haben und über einzelne vergangene oder heutige Phänomene, deren Auswirkungen sich erst Stück für Stück erkennen lassen.

Vor allem sind die Fossilien ein Abbild der immensen geologischen Zeiträume unseres Planeten. Den modernen Menschen in seiner heutigen Gestalt kann man 37000 Jahre zurückverfolgen, und 3300000 Jahre sind seit den ersten primitiven Anfängen des Menschen vergangen! Aber das ist noch wenig. Die ersten Säugetiere traten vor 185 Millionen Jahren auf, und 3100 Millionen Jahre waren notwendig, damit aus den ersten Lebenskeimen das Leben entstehen konnte, das wir heute auf der Erde vorfinden.

Die Zeit erscheint uns nicht faßbar und unendlich zu sein. Aber für den Geologen und Paläontologen ist sie sichtbar und greifbar nahe wie die Steine eines Gebäudes. Denken wir nur an die Ablagerungen der Trias am Kap St-André in Madagaskar. 1000 m mächtige Sedimente wurden hier abgelagert. Rote und gelbe Schichten alternieren. Die durch den Hämatit rot gefärbten Schichten wurden in den trockenen Jahreszeiten abgelagert. Die gelben Limonitschichten stammen aus den niederschlagsreichen Zeiten des Jahres, so daß beide aufeinanderfolgenden Schichten einem Sedimentationsjahr entsprechen. 50000 rote und 50000 gelbe Schichten sind hier aufgeschlossen. Sie repräsentieren 50000 Jahre der Trias.

Auf diese Weise kann man die Erdzeitalter genau mit Hilfe der Sedimente und ihrer Fossilien bestimmen. Geologische Schichten, mit einer Mächtigkeit von mehr als 10000 m, lassen wie die geöffneten Seiten eines Buches die ganze Erdgeschichte vor uns entstehen.

Nichtsdestoweniger haben wir nur in einen kleinen Teil der geologischen und paläontologischen Vorgänge Einblick. Sedimentation hat nur an bestimmten Stellen der Erde stattgefunden, und nicht alle Arten waren der Fossilisation im Meer oder auf dem Land unterworfen. Man kann sogar annehmen, daß die fehlenden Sedimente und Fossilien den weit größeren Anteil ausmachen. Aber dennoch sind uns aus jeder der vergangenen Perioden bedeutende Zeugnisse erhalten geblieben.

115

Acrioceras tabarelli, *Ammonit der unteren Kreide in Frankreich. Die Gruppe der Ammoniten lebte 330 Millionen Jahre: von der Mitte des Paläozoikums bis zum Ende des Mesozoikums, wo sie plötzlich ausstarben, nachdem Tausende von Arten einander abgelöst hatten.*

Der Schritt in die Vergangenheit

Noch vor 300 Jahren waren ausschließlich die Worte der Genesis maßgebend, die die ganze Schöpfung (Erde, Himmel, Ozeane, Pflanzen, Tier und Mensch) als ein 6-Tage-Werk darstellt.

Im Jahre 1650 legte der irische Erzbischof James USSHER sogar das Datum der Schöpfung fest. Nach einer wissenschaftlichen Analyse der Bibel folgert er, daß am 26. Okt. 4004 v. Chr. Erde und Lebewesen entstanden seien.

Als die Fossilien mehr denn je als Ergebnis der biblischen Sintflut interpretiert wurden, verkündete 1729 der Naturforscher Louis BOURGET, nachdem er die Ablagerungen der Schichten untersucht hatte, daß „zwischen Schöpfung und Sintflut" 16 Jahrhunderte vergangen seien. John WOODWARD hatte 1695 die Sintflut 250 Jahre vor dem Bau der Pyramiden angesetzt.

Durch den Einfluß der Bibel entstand so eine eng gefaßte Chronologie der Erdgeschichte, die höchstens 6000 Jahre umfaßte und das Erscheinen des ersten Lebewesen auf einen sehr späten Zeitpunkt verlegte.

Aber schon gegen Ende des 17. Jh. kam man zu dem Schluß, daß die Erdgeschichte viel länger gewesen sein müßte.

Eine noch unbestimmte Vorstellung von der Dauer der geologischen Zeiträume zeigt sich bei BUFFON, der in seinem Werk „Zeitabschnitte in der Natur" (1778) der Erde ein Mindestalter von 75 000 Jahren gibt: „Man merkt, daß 75 000 Jahre noch nicht genug für die großen Schöpfungen in der Natur sind, die sich langsam und beständig nach gewissen Regeln entwickelt haben." Buffon ist sich bewußt, daß zur Ablagerung der Sedimente und zur Fossilisation ein gewisser Zeitraum notwendig ist und daß „dieser Zeitraum für unsere Vorstellung zu lang, aber dennoch zu kurz für ein Urteil ist". Damit hat er schon das Wesen der geologischen Chronologie erkannt.

1830 gab Charles LYELL das Alter der Erde nicht mehr in Jahrtausenden, sondern in Jahrmillionen an. Zur gleichen Zeit schuf er die Grundlage geologischer Chronologie. Da gleichzeitig gebildete Sedimente wahrscheinlich den gleichen Fossilinhalt haben, mußte es möglich sein, das Alter der einzelnen Erdschichten nach ihrem Fossilinhalt zu bestimmen. Lyell datierte den Beginn des Paläozoikums auf 240 Millionen Jahre, wobei er weit in die Vergangenheit zurückgriff.

Über die ältesten Ablagerungen und die ersten Lebensformen hatte man allerdings nur bruchstückhafte und unsichere Informationen, was eine Altersbestimmung der Erde sehr erschwerte.

Mehrere Versuche wurden in dieser Richtung unternommen. Keine befriedigende Lösung brachten die Hypothesen, die vom Wärmeverlust der Erde ausgingen. Andere zogen den Salzgehalt der Meere zur Altersbestimmung heran und errechneten 300 Millionen Jahre.

Die Geologen maßen die Mächtigkeit der einzelnen Sedimentschichten, summierten sie und erhielten als Maximalwert 50 km. Damit wurde die Sedimentationsgeschwindigkeit der Kalke, Sande und Tone verrechnet. Es ergab sich für den geologischen Zeitablauf eine Dauer von 500–600 Millionen Jahren.

Erst die Entdeckung der Radioaktivität und die physikalisch-chemischen Datierungsmethoden führten zu neuen wichtigen Erkenntnissen.

Die meisten Körper enthalten radioaktive Isotope, die gesetzmäßig in andere Elemente zerfallen. Jedes radioaktive Isotop besitzt seine eigene „Halbwertszeit". Sie entspricht der Zeit, nach der nur noch die Hälfte der Ausgangssubstanz vorhanden ist.

Das Kohlenstoffisotop C 14 hat eine Halbwertszeit von 5730 Jahren, Uran 234 benötigt 250000 Jahre, bis es zur Hälfte zerfallen ist, Helium 4 sogar 4,5 Millionen Jahre. Mißt man den Anteil eines radioaktiven Isotops und läßt sich die Menge der Ausgangssubstanz errechnen, so kann man, bei bekannter Halbwertszeit, das Alter eines Gesteins berechnen.

Die Techniken, auf der die Analyse der Isotope beruht, sind auch heute noch vom Zufall abhängig. Wir haben aber die Gewißheit, die immensen Zeiträume besser in den Griff bekommen zu haben.

So läßt sich mit sehr großer Wahrscheinlichkeit das Alter der Erdkruste auf rund 4500 Millionen Jahre festlegen. Das Paläozoikum dürfte vor 600 Millionen Jahren begonnen haben.

Zahlreiche Entdeckungen erlauben uns auch Aussagen über den Beginn des Lebens zu machen: Die ersten Nachweise findet man schon vor 3100 Millionen Jahren.

Der Mensch des 20. Jh. erfaßt mit Leichtigkeit das unvorstellbare Alter der Erde und des Lebens. Ihm ist auch die unendliche Weite des Weltraumes nicht unbekannt. Aber wir müssen uns bewußt sein, daß noch vor einem Jahrhundert die Zeitgenossen Lyells mit den größten Schwierigkeiten kämpfen mußten, um von der Vorstellungswelt der Bibel langsam zu der uns heute selbstverständlichen Weltsicht zu gelangen.

116

Mit Hilfe der Farne, die schon seit dem Devon existierten, kann man genau die geologischen Zeiten bestimmen, da einem geologischen Zeitabschnitt jeweils eine bestimmte Farnart entspricht. Dictyophyllum nathorsti *stammt aus Tonkin und gehört zur typischen Flora des unteren Jura.*

Die Fossilien als Zeitmarken

Während die Gesteine im allgemeinen nicht charakteristisch für eine Epoche sind (Sande, Kalke und Tone wurden oft und zu verschiedenen Zeiten abgelagert), stellen die Fossilien ausgezeichnete geologische Zeitmarken dar. In der Tat waren es die Forschungsergebnisse der Paläontologie, welche eine Zeiteinteilung und Gliederung der Sedimentgesteine ermöglichten.

Der Entwicklungsdrang der Lebewesen, der sich in den Stammbäumen zeigt, stellt ein biologisches Grundgesetz dar. Dieses erlaubt uns die Abfolge der Sedimentlagen zu gliedern. Die Unterschiede der Entwicklung der Organismen ermöglichen es den Forschern, den Beginn einer neuen Ära, einer neuen Periode oder einer neuen Epoche zu postulieren.

Die wichtigsten Zeitgrenzen fallen mit dem Auftreten oder Verschwinden ganzer Tiergruppen zusammen. Dies ist ein deutlicher Hinweis, daß die Lebensbedingungen auf der Erde sich grundlegend gewandelt haben. Am Übergang vom Mesozoikum zum Tertiär erlöschen die Ammoniten- und Dinosaurierarten, während sich die Nummuliten, die bis dahin unbekannt waren, plötzlich in allen Meeren entfalten. Bei Beginn des Jura erscheinen die ersten irregulären Seeigel; die ersten Blütenpflanzen (Angiospermen) breiten sich zu Beginn der Kreide aus.

Zur feineren Unterteilung scheidet man die einzelnen Abteilungen aus, dazu genügen weniger einschneidende Ereignisse wie das Auftreten neuer Gattungen. Die Unterabteilungen – Zonen genannt – sind durch das Auftreten einer neuen Art genügend definiert oder durch einen deutlichen Wechsel innerhalb eines Artenspektrums (Vorherrschaft einer Art oder einer charakteristischen Population).

Insgesamt trennt man 300 Zonen ab, welche über 80 Abteilungen unterschiedlicher Länge verteilt sind. Die jüngeren Sedimentgesteine lassen sich meist feiner untergliedern und präziser abgrenzen, da im Laufe der Zeit die Vielfalt der Organismen und ihrer Strukturen zunimmt. So dauerte das Paläozoikum 370 Millionen Jahre, das Mesozoikum lediglich 165 Millionen Jahre, während das Tertiär 65 Millionen Jahre währte, bis es vom Quartär abgelöst wurde, das vor 2,5 Millionen Jahren begann.

Die genaue Kenntnis der Fossilien erlaubt nicht nur eine Gliederung der Sedimente, sondern auch die zeitliche Parallelisierung von weit entfernten Ablagerungen, wenn ihr Fossilinhalt derselbe ist. Mit wechselnder Genauigkeit gelingt dies rund um die Erde und für die gesamte Dauer des geologischen Zeitablaufs. In den älteren Perioden ist der Wert dieser Methode natürlich geringer als in den jüngeren, wo die Korrelation im gleichen Maße genauer wird, wie die Stratigraphie selbst.

Unter diesem Gesichtspunkt verdienen die einzelnen Fossilgruppen unterschiedliches Interesse. Eine gute Zeitmarke nennt man Leitfossil. Es soll eine große geographische Verbreitung besitzen, zahlreich vorkommen und in seiner Entwicklung eng auf ein stratigraphisches Niveau beschränkt sein. Im Gegensatz dazu gibt es auch Durchläufer, welche kaum als Leitfossil geeignet sind, da ihre Entwicklung lange Zeit keinerlei Fortschritte macht; so z. B. die Schaben, die sich seit ihrem ersten Auftreten im Paläozoikum kaum noch verändert haben.

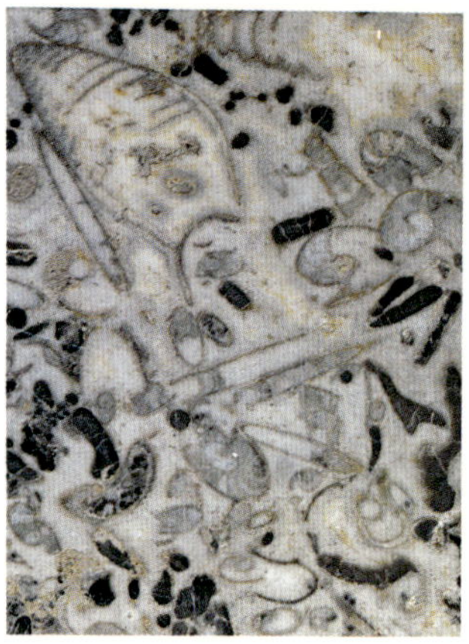

117

Das Alter dieses polierten Kalksteins aus Belgien läßt sich anhand seiner Fossilien angeben: Orthoceratites calamiteus, *ein langgestreckter Nautiloide, der für das Devon charakteristisch ist.*

Der Entwicklungsablauf – ein gleichförmiger Vorgang?

Nach der Katastrophentheorie, die Cuvier zu Beginn des 19. Jh. vertrat, wurde die Entwicklung des Lebens mehrfach total unterbrochen; in katastrophalen Umwälzungen wurde alles Leben vernichtet, und jedesmal entstand es wieder völlig neu.

Dank der Evolutionstheorie wissen wir heute, daß das Leben sich ununterbrochen entwickelte, seitdem das irdische Milieu die ersten Tiere und Pflanzen hervorbrachte.

Aber die Ausbreitung des Lebens war kein Vorgang, welcher in einer gleichförmigen Geschwindigkeit ablief. Insgesamt war er progressiv, im einzelnen aber gab es viele Sprünge, sei es in einer Epoche, in einem begrenzten Gebiet oder in einer Organismengruppe.

In Übergangszeiten, wie an der Wende vom Paläozoikum zum Mesozoikum, verarmten häufig Flora und Fauna, marin wie terrestrisch. Damals müssen tiefgreifende, weltumspannende Umwälzungen erfolgt sein. Ein anderes Mal erlebten bestimmte Pflanzen und Tiergruppen eine rasche Blütezeit und brachten eine Vielfalt neuer Formen hervor, wie z. B. im mittleren und oberen Jura.

In geringerem Maße als die Grenzen von Ära und Periode werden auch die Grenzen der Epochen durch Einschnitte im Entwicklungsablauf des Lebens gezogen, meist sind sie mit Umweltveränderungen verbunden.

Aber nicht nur die Lebensbedingungen der Erde, sondern auch die einzelner Gebiete können sich verändern. Verschlechtern sie sich zu sehr, ist kein Leben mehr möglich, oder es wird auf einige wenige extrem tolerante oder angepaßte Arten reduziert. In der Sahara dehnt sich die Wüste seit einigen tausend Jahren mehr und mehr aus, während andere Gebiete auf einer vergleichbaren Breite die Entfaltung eines reichen Tier- und Pflanzenlebens zulassen.

Gleicherweise beobachtet man in den geologischen Serien Schichten, welche reich an Fossilien sind und in Wechsellagerung damit völlig fossilleere. Dies sind jedoch nur lokale Diskontinuitäten, denn das Leben entwickelte sich in anderen Gebieten ungestört weiter.

Es gibt eine ganze Reihe von Gründen, die eine gleichmäßige Sedimentation verhindern und so die Schichten entstehen lassen.

Ein anderes Problem sind Gesetzmäßigkeiten, welche einen gewissen Rhythmus im Evolutionsgeschehen erzeugen und die Verteilung der Fossiltypen oft beträchtlich verzerren.

Gewöhnlich verläuft die Evolution progressiv: Am Beginn steht meist eine kleine Gruppe von Arten, welche sich bis dahin kaum oder nur wenig weiterentwickelt hat. Sehr plötzlich – für geologische Maßstäbe – setzt dann eine Entwicklung und Formenaufspaltung ein, die es ermöglicht, neue ökologische Nischen zu bilden und neue Gebiete zu erobern (adaptive Radiation). Meist folgt darauf eine längere Zeit der Stabilisierung, bevor ein allgemeiner Niedergang einsetzt. Einige Entwicklungslinien können überleben und den Ausgangspunkt für einen neuen Entwicklungsschub bilden.

Die Reptilien traten das erste Mal im Karbon auf. Im Jura und in der Kreide brachten sie es auf eine erstaunliche Formenfülle, danach schmolzen sie auf einige wenige Gruppen zusammen. Die Säugetiere erschienen recht unscheinbar Ende der Trias, auch die nächsten 280 Millionen Jahre gewannen sie kaum an Bedeutung, und erst im Tertiär folgte ihre erstaunliche adaptive Radiation.

Immer wieder sind die geologischen Serien plötzlich voll von neuen Formen, über deren Ahnen wir kaum etwas wissen. Mehrfach verschwanden ganze Tiergruppen abrupt, nachdem sie eine große Formenfülle erreicht hatten. Dieser Umbruch in Flora und Fauna, marin oder kontinental, bedeutet keine Unterbrechung des biologischen Zusammenhangs, sondern es sind Wachstumskrisen der Evolution, die meist von Umweltänderungen hervorgerufen werden.

Die irdische Zeit

Wir messen unsere Zeit in Jahren mit 365 Tagen, in Tagen mit 24 Stunden, in Stunden mit 60 Minuten, und sie erscheint uns als absolute Größe, die der präzise Lauf der Gestirne konstant hält. Mißt man sie jedoch mit den Maßstäben des Weltraumes, so ist sie zweifellos eine relative Größe. Und in der Tat ist die Dauer eines irdischen Tages seit der Frühzeit der Erde nicht gleich geblieben.

Die Astronomen erkannten, daß die Umdrehungen der Erde sich verlangsamen. Das Phänomen der Ebbe und Flut, das nicht nur auf die Wassermassen beschränkt ist, sowie Reibungseffekte der Erdschalen bedingen einen steten Verlust an Rotationsenergie. So erhöht sich die Zeit einer Umdrehung alle 100000 Jahre um zwei Sekunden. Mit modernen Atomuhren ließ sich nachweisen, daß in 100 Jahren die Tage um 2/1000 Sekunden länger werden.

Nach menschlichen Maßstäben erscheint dies gering, nach den Maßstäben des Universums jedoch bedeutend. Die Urerde hat sich wahrscheinlich doppelt so schnell gedreht; zu Beginn des Kambriums, also vor 600 Millionen Jahren, dürfte ein Tag nur 21 Stunden gedauert haben.

Ein Jahr hatte damals etwa 425 Tage, am Beginn des Mesozoikums 380 Tage. Allerdings wurde bei dieser Rechnung nicht berücksichtigt, daß der Abstand Erde – Sonne sich im Lauf der Zeit ändert und dementsprechend auch die Umlaufgeschwindigkeit.

Es ist reizvoll, diese zunehmende Tageslänge in paläontologische Überlegungen mit einzubeziehen, denn der Rhythmus und die Menge der Strahlungsenergie übt einen starken Einfluß auf die biologischen Rhythmen aus, genauso wie auf die Zellen, die Gewebe und Organismen.

Die Photoperiodizität, die sich schon bei den ältesten Lebewesen zeigt, beruht auf der „inneren Uhr", welche Wachstum und Fortpflanzung steuert.

Heute funktioniert diese innere Uhr im Experiment oft ohne äußeren Anstoß, da ihr Gang im Lauf der Evolution im Erbgut verankert wurde. In der Natur wird sie aber ständig mit dem kosmischen Zeitablauf synchronisiert und so auf tages- und jahreszeitliche Perioden eingestellt.

Auch unser Zeitgefühl verdanken wir physiologischen und psychologischen Rhythmen, welche selbst wieder an einen Tages- und

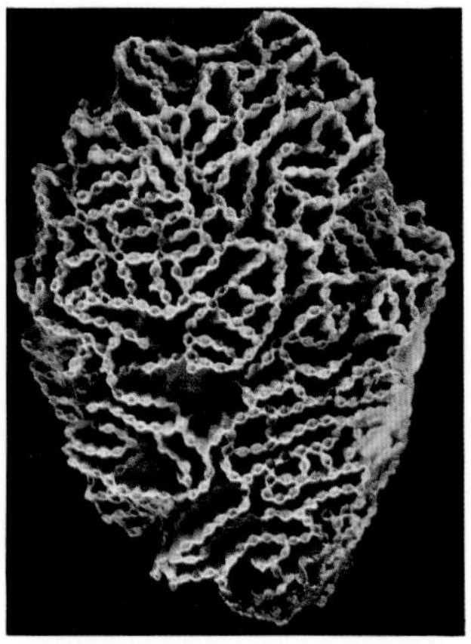

118

Halysites catenularia, *eine Bodenkoralle aus Kentucky (USA). Sie lebte vor 410 Millionen Jahren auf Felsenriffen des Silurmeeres; ihre Tage waren kürzer als unsere, dafür hatte das Jahr 400 Tage.*

Stundenrhythmus angepaßt sind. So überlagert sich auch bei uns ein inneres Zeitgefühl, das in weit zurückliegenden und damit kürzeren Tagen entstand, mit dem unmittelbaren Tagesablauf, ein Vorgang der uns die Relativität der irdischen Zeit ahnen läßt.

Die Entwicklungszeit des Lebens

Die Geophysik lehrt uns, daß die Erde bei ihrer Entstehung vor etwa 4,5 Milliarden Jahren einen Durchmesser hatte, der halb so groß war wie ihr heutiger und eine durchschnittliche Dichte von 35 gegenüber 5,7 heutzutage. Die Erdoberfläche betrug 200 km²; diese Zahl entspricht genau der Oberfläche unserer heutigen Kontinente, Schelf und Kontinentalabhang mit eingeschlossen.

Die damalige Erdkruste war relativ dünn, ihre Temperatur nahe dem Schmelzpunkt, und sie bestand vorwiegend aus Silicium, Aluminium und Magnesium, so wie heute die tiefere Erdkruste. Bruchstrukturen waren selten, und auch ein Relief war kaum angedeutet.

Es gab weder Ozeane noch eine Atmosphäre, dafür aber eine Pneumatosphäre, einen dichten, schweren Nebel aus Wasserstoff, Ammoniak und Wasserdampf, der im wesentlichen durch die Entgasung der Erde gebildet wurde.

Freier Sauerstoff fehlte völlig, und da der größte Teil der Sonnenstrahlen abgeschirmt wurde, war die Urpneumatosphäre nicht in der Lage die Entstehung und Entwicklung des Lebens zu begünstigen.

Die ersten Meere, die sich durch Kondensation des Wasserdampfes bildeten, stellten flache Becken dar, in deren Wasser vielerlei andere Stoffe gelöst waren. Sie lagen inmitten einer ebenen Felswüste, die von zahlreichen vulkanischen Rissen durchzogen war, aus denen das Magma quoll.

Zur selben Zeit, als die ersten Ozeanbecken das Oberflächenwasser aufnahmen, bildeten sich die ersten Sedimentablagerungen. Ihr hoher Eisengehalt macht sie heute zu wichtigen Lagerstätten. Mit den ersten Bewegungen der Kontinentplatten entstanden auch die ersten Faltengebirge.

Die Trennung der Pneumatosphäre in eine Urhydrosphäre – die Urozeane – und in eine Uratmosphäre dürfte vor etwa 3,8 Milliarden Jahren erfolgt sein. Nun gab es zwar noch immer keinen freien Sauerstoff, aber die Abschirmung der Sonnenstrahlen und besonders des ultravioletten Anteils war stark vermindert.

Ultraviolette Strahlung und starke elektrische Entladungen zusammen mit der Vielzahl der Reaktionspartner und den hohen Temperaturen der altpräkambrischen Meere begünstigten die Entstehung von zahlreichen chemischen Verbindungen, darunter auch Aminosäuren und Pyrimidinderivaten, die Grundstoffe der organischen Materie.

Verschiedene neue Experimente und zahlreiche Beobachtungen an Vulkanen, Meteoriten und in den Ozeangräben haben gezeigt, daß die Bildung organischer Moleküle unter diesen Bedingungen nicht auf Zufall beruht; im Gegenteil, sie sind das zwangsläufige Ergebnis von thermodynamischen Prozessen und standen am Beginn einer chemischen Evolution, in deren Verlauf die Bausteine der organischen Materie entstanden.

Diese Initialphase wurde vor 3,1 Milliarden Jahren von einer Folgephase – der biologischen Evolution – abgelöst, in ihr entstand das Leben im eigentlichen Sinne.

In der Welt der Atome gibt es keinen Unterschied zwischen lebender und toter Materie; sie sind alle von denselben Elementarteilchen aufgebaut. Die Unterschiede zeigen sich erst bei den Großmolekülen, die eine Eigentümlichkeit der lebenden Materie sind.

So fällt die Entstehung des Lebens mit dem ersten Auftreten der Großmoleküle zusammen. Nur sie konnten so komplexe Lebensvorgänge steuern, wie die Selbsterhaltung, die Regelmechanismen, die identische Reduplikation, und nach einer Reihe von Erfindungen, die der Assimilation, des Wachstums und der Fortpflanzung.

Ein weiterer, großer Fortschritt in der Entwicklungsgeschichte war die Erfindung der Zellmembran, da sie erst den Bau komplexer Organismen ermöglichte.

Wir kennen nicht die Zeit noch die tastenden, fehlgeschlagenen und wiederaufgenommenen Versuche, die nötig waren, um den ersten Entwurf einer lebenden Zelle zu verwirklichen. Die ältesten bekannten Zellen ähneln den Eobakterien (Prokarioten, das sind Zellen ohne Zellkern). Man fand sie in Gesteinen, deren Alter auf 3,1 Milliarden Jahre geschätzt wird. Gleichzeitig mit ihnen traten die ersten gebänderten Eisenerze auf.

Von grundlegender Bedeutung für alle Lebenserscheinungen ist das Chlorophyll, ein Großmolekül, welches schon recht früh in einem wäßrigen Milieu reich an Kohlenstoff, Stickstoff und Magnesium entstanden sein muß. Wie wir wissen, besitzt Chlorophyll die Fähigkeit,

119

Diese Kalkplatte aus dem Silur von Dudley (England) ist mehr als 410 Millionen Jahre alt. Sie vermittelt ein lebendiges Bild von den Bewohnern des fossilen Meeresgrundes: verästelte Kolonien von Bryozoen, Korallen, Brachiopoden, Seelilien und Trilobiten.

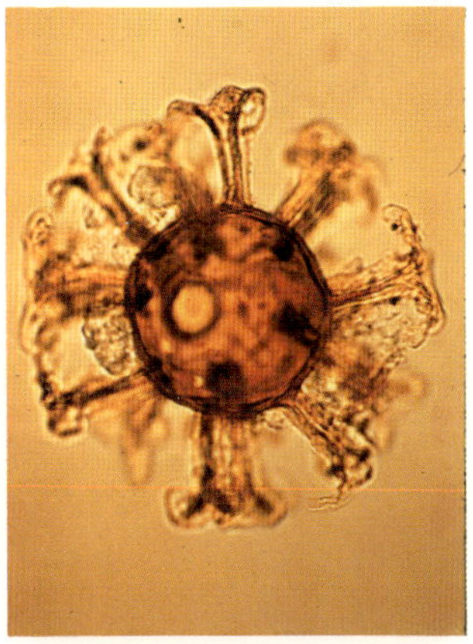

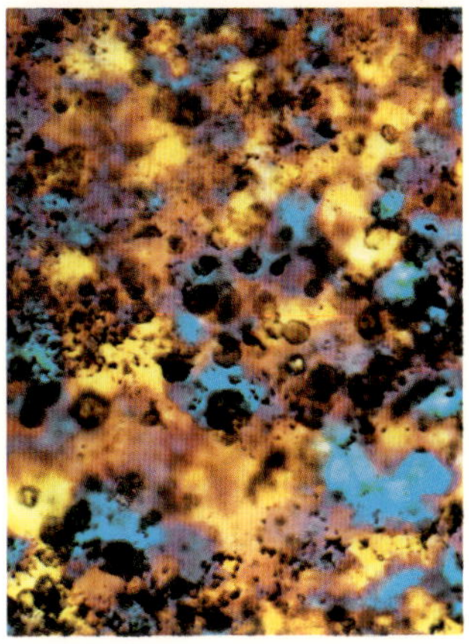

120 121

Palaeocryptidium, *sphärische Körper aus organischer Materie von präkambrischen Sandsteinen der Bretagne, und* Baltisphaeridium *aus dem Silur Ostpreußens. Diese Mikroorganismen zählen zu den primitivsten Einzellern, die wir kennen. Meist ist ihre organische Substanz noch erhalten, und die starke Vergrößerung zeigt, daß sie dicht mit Borsten besetzt sind.*

122

Pecopteris crenata, *ein Baumfarn aus den riesigen Sumpfwäldern des Karbons (Saarbrücken). Die Pflanzen, Sauerstoffspender und Nahrung, bildeten den Wegbereiter und die Grundlage zur Entwicklung der Tierwelt.*

Lichtenergie in chemische Energie zu überführen, genauer gesagt, es ermöglicht die Synthese von Glukose aus Kohlendioxid und Wasser unter Freisetzung von Sauerstoff (Photosynthese).

Die Entstehung des Chlorophylls und der Beginn der Photosynthese dürfte vor 2,7 Milliarden Jahren erfolgt sein. Die Lebensbedingungen auf der Erde änderten sich dadurch tiefgreifend, denn das Chlorophyll ermöglichte eine starke Entwicklung der Pflanzen, und durch deren Photosynthese reicherte sich die Atmosphäre mit freiem Sauerstoff an.

Die ersten Pflanzen, die wir kennen, sind 2,65 Milliarden Jahre alt. Es sind einzellige Algen, und man fand sie in südafrikanischen Gesteinsformationen. Aus derselben Zeit stammen auch die ersten biogenen Kalke, die Stromatolithen. Sie entstanden als krustenförmige Ausscheidungen über Blaualgenrasen, die mit Bakterien vergesellschaftet waren und deren photosynthetische Tätigkeit die Kalkausfällung begünstigte.

Pflanzliche Einzeller bildeten den Großteil der Lebewesen im frühen Präkambrium. Das Wasser, in dem sie lebten, schützte sie vor Schäden durch ultraviolette Strahlung, während sie mit Hilfe von Chlorophyll und eines riesigen Zeitraumes von 1 Milliarden Jahren ihre eigene Umwelt veränderten. Sie produzierten so viel freien Sauerstoff, daß sich in der hohen Atmosphäre die Ozonschicht aufbauen konnte. Diese ist in der Lage die lebensgefährliche UV-Strahlung abzufangen.

Unter dem Schutz der Ozonschicht konnten sich nun die Lebewesen entwickeln und differenzieren. Ein wichtiger Schritt war vollendet, als die ersten echten Zellen entstanden, die Eukarioten, die ersten Zellen mit einem echten Zellkern.

Von diesem Zelltyp aus begann die Entwicklung des Pflanzenreiches, das die Entwicklung des Tierreiches nach sich zog.

Vor etwa 400 Millionen Jahren, der Sauerstoffgehalt der Atmosphäre betrug etwa 10%, begannen die Pflanzen das Land zu besiedeln. Die ersten Moose und Flechten entstanden, ihnen folgten die ersten landbewohnenden Wirbellosen, und etwas später die ersten lungenatmenden Wirbeltiere (Quastenflosser und Amphibien).

Weitere Meilensteine in der bemerkenswerten Entwicklung des Lebens waren das erste Auftreten der Reptilien (320 Millionen Jahre), der Säugetiere (190 Millionen Jahre), der Vögel und der ersten Blütenpflanzen (130 Millionen Jahre).

Die Entwicklung des Menschen

Unsere Geisteshaltung wurde durch zwei paläontologische Erkenntnisse wesentlich beeinflußt: Erstens: der Mensch ist das Ergebnis einer Evolution, welche in ähnlicher Form allen Lebewesen eigen ist und ihn mit diesen verbindet. Zweitens: er ist nicht unveränderlich.

Wir haben in der Tat unseren „natürlichen Ursprung" entdeckt. Dies schließt ein, daß auch wir den unerbittlichen Naturgesetzen der Mutation und Selektion unterworfen sind. Wir erkennen immer deutlicher, daß unser Schicksal eng mit dem unserer Umwelt verknüpft ist. Dies verpflichtet uns, die von der Industrie bedrohte Natur mit ihrem physikalischen und biologischen Gleichgewicht zu erhalten.

Es ist nicht leicht, das genaue Alter des Menschengeschlechtes anzugeben, so gleitend erfolgte der Übergang von den Primaten zum *Homo sapiens*.

Die Geschichte der Menschen dürfte vor 3300000 Jahren begonnen haben. Im Süden und Osten von Afrika traten am Ende des Tertiärs Primaten mit fliehender Stirn, hervortretenden Überaugenwülsten und kräftigen Kiefern auf: die Australopithecinen. Sie waren klein, aber stämmig, von aufrechtem Gang, und sie besaßen Werkzeug aus Knochen und grobbehauenen Steinen, darunter Mörser, Klingen, Schaber.

Diese ersten Hominiden wurden vom Pithecanthropus abgelöst, er trat ungefähr vor 2 Millionen Jahren zum ersten Mal auf. Auch er zeigt noch zahlreiche Primitivmerkmale: Schädeldach mit Knochenkamm (Occipitalkamm), fliehende Stirn, hervortretende Augenbrauenwülste, Fehlen eines Kiefervorsprungs. Aber seine Beine sind lang und gerade, und sein Gehirnvolumen übertrifft das des Australopithecus weit, es nähert sich dem des modernen Menschen.

Sicher lebten diese Hominiden, welche schon das Feuer kannten, in einem sozialen Verband. Zunehmend verbesserten sie ihre Werkzeuge, und für ihre Spitzen und Klingen aus Quarz und Jaspis erfanden sie die Doppelschneide. Schon damals muß es eine Werkzeugindustrie gegeben haben, deren Kenntnisse von Generation zu Generation weitergegeben wurden. Dies setzt eine Kommunikation – die Sprache – voraus, den Träger der menschlichen Intelligenz.

Die Pithecanthropinen treten als Nachfolger der Australopithecinen zuerst in Afrika auf. Von dort breiten sie sich aus und erobern neue Gebiete. Man findet sie in Nordafrika, im Glazialklima Europas, in China und Java.

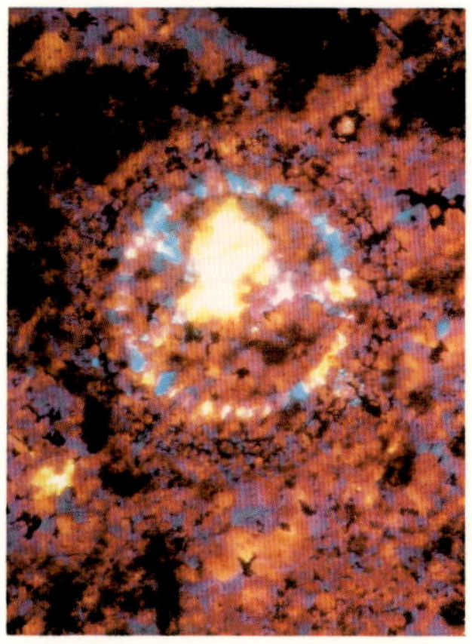

123

Radiolarien, Mikroorganismen mit Kieselschale, traten zuerst im Präkambrium auf und markieren den Beginn des Tierreiches. Die stark vergrößerte und künstlich angefärbte Thecosphaera *stammt aus dem Karbon der Montagne Noire (Frankreich).*

124

Diese jungen Brachiosaurus petrolei *lebten während des Perms in Lagunen der Umgebung von Autun (Frankreich). Es sind Amphibien, ihre Ahnen wagten 150 Millionen Jahre vorher den bedeutungsvollen Schritt aufs Land.*

Eine Million Jahre später begannen die Neandertaler die verschiedenen Pithecanthropustypen zu verdrängen. Die meisten Fundstellen liegen in Europa, nah verwandte Rassen gab es aber in Südost- und Nordafrika, im mittleren Orient, in China und Indonesien. Wir kennen von ihnen Ritzzeichnungen auf Knochen und perfekt gearbeitete Steinwerkzeuge, unter anderem Schneidklingen und Schaber. Zum ersten Mal läßt sich bei ihnen anhand von Gräberfunden ein Totenkult nachweisen.

Die Neandertaler sind die unmittelbaren Vorläufer unseren eigenen Art, des *Homo sapiens,* der Europa vor 37000 Jahren rasch besiedelte. Er ist uns aus dieser frühen Zeit als Cro-Magnon-Mensch bekannt. Keiner der primitiveren Menschentypen konnte neben ihm überleben. Seit dieser Zeit wird die Erde von einem einheitlichen Menschentyp bewohnt, und ihre heutige Bevölkerung unterscheidet sich vom Cro-Magnon genauso viel und genauso wenig wie ihre gegenwärtigen Rassen unter sich.

Der *Homo sapiens* besaß ästhetische Vorstellungen und Kreativität. So entstanden die ersten Kunstwerke wie die vielen Felszeichnungen, die an verschiedenen Orten Europas gefunden wurden. Die Technik und Kenntnis der Werkzeugherstellung wurde abermals verfeinert, als Grundmaterial dienten Feuersteine, Knochen und Geweihstangen.

Als vor 10000 Jahren die Eiszeit zu Ende ging und das Klima milder wurde, lernten die Menschen Viehzucht und Ackerbau. Die ehemaligen Nomaden wurden seßhaft. Ihre ersten Siedlungen bestanden aus Pfahlbauten, später folgten größere Siedlungen und Steinhäuser. Dies geschah etwa zu Beginn der Bronzezeit, und bis zu den großen Zivilisationen der Antike war es nur noch ein kleiner Schritt.

Ein erstaunliches Phänomen ist die zunehmende Beschleunigung der menschlichen Evolution, die einer Exponentialkurve gleicht: Die ersten Primaten erschienen vor 30 Millionen Jahren, die ersten Hominiden vor 3,3 Millionen Jahren, und erst seit 37000 Jahren gibt es den *Homo sapiens.* Die Dauer eines Menschenlebens erhöhte sich seit dieser Zeit beträchtlich. Im Durchschnitt wurden die Neandertaler nur 30 Jahre alt, die Menschen der Bronzezeit 38 Jahre, die heutigen Lebenserwartungen liegen bei 70 Jahren. Gleichzeitig führt die Zunahme der Bevölkerung zu einer steil ansteigenden Kurve. Vor 2 Millionen Jahren betrug die Weltbevölkerung ungefähr 125000 Individuen, vor 30000 Jahren überschritt sie die erste Million. Vor 8000 Jahren waren es schon 87 Millionen. Die erste Milliarde wurde 1820 erreicht, und inzwischen leben mehr als 4 Milliarden Menschen auf der Erde.

125

Zeitgenosse des Menschen, seit den ersten Anthropomorphen – der symbolhafte Laurus nobilis, *der Lorbeer, der vor 10 Millionen Jahren erstmals auftrat. Diese Abdrücke aus dem Pliozän des Puy-de-Dôme-Gebietes (Frankreich) verdanken ihre Farbe dem Eisenoxid.*

Aber wie weit kann diese Kurve ansteigen, und welches Schicksal hat die Natur der zukünftigen Menschheit zugedacht? Die Paläontologie kann darauf keine schlüssige Antwort geben. Wenn aber die Evolutionsregel, nach der auf eine starke Entfaltung häufig ein Niedergang einsetzt, auch für den Menschen gilt, so kann sie in die beunruhigenden Warnungen der Demographen, Ökonomen und Ökologen nur mit einstimmen.

126

Viele Riffkorallen der warmen Meere, die wir heute wegen ihrer Schönheit bewundern, gediehen schon im Tertiär. Damals gab es sie sogar in Europa, wie die Diploastrea diversiformis, *welche in Miozänriffen in Frankreich gefunden wurde.*

127
128

129

131
132

133

134 135 136

37

38

139

140

141

142

6
Nachwort

143

Die Welt der Fossilien ist uns fremd, und nur unsere mehr oder weniger genaue Vorstellung der geologischen Zeiträume, von Evolution und biologischem Erbe, macht sie uns vertrauter.

Obwohl uns der Lauf der Zeit zum Bewußtsein bringen sollte, wie wichtig für unser Leben die Erfahrungen der Vergangenheit sind, stellen wir uns als Menschen in den Mittelpunkt eines unendlichen Zeitraumes, an dem die Menschheitsgeschichte nur einen winzigen Anteil hat. Ja wir maßen uns sogar an, unsere Zivilisation als Ziel oder Endpunkt einer Entwicklung zu sehen.

Die Evolution der Biosphäre ist jedoch keineswegs mit der Entwicklung des Menschen zu Ende. Sie dauert an, vollzieht sich in einzelnen Schüben, und jede Veränderung stützt sich auf das Vergangene und ist gleichzeitig Beginn einer weiteren Entwicklung.

Die zukünftige Entwicklung entzieht sich zwar noch unserem Wissen, aber unsere wachsende Kenntnis der Erdgeschichte gibt entscheidende Erklärungen zum Verständnis der Gegenwart.

Seit über 3 Milliarden Jahren entsteht auf unserem Planeten Leben mit unzähligen Auswirkungen. Wir können hier nur einige von ihnen nennen: die Anreicherung der Atmosphäre mit Sauerstoff und das sich daraus entwickelnde Ozon, das die ultravioletten Strahlen unschädlich macht, aber auch die Entstehung und Konzentration vieler Minerale, die Verschiedenartigkeit des Klimas und die davon abhängige Flora und Fauna, nicht zu vergessen die Angleichung des physikalisch-chemischen Gleichgewichtes, die Entstehung und Erhaltung der Böden usw.

Wir sind aufs engste mit dieser Natur verbunden. Als ihr biologisches Produkt sind wir gleichzeitig von ihr abhängig, da unsere Umwelt das Ergebnis ehemaliger biologischer Vorgänge darstellt: Mit Kalk, Gips und Zement bauen wir unsere Häuser. Die Phosphate düngen unsere Böden. Kohle, Erdöl und Erdgas sind unsere wertvollsten Energieträger, und viele andere Rohstoffe bilden die Grundlage unserer Industrie.

Diese Bodenschätze können nicht ergänzt werden. Besondere Bedingungen und lange Zeiträume, d. h. zigmillionen Jahre, waren dazu notwendig, während der Mensch schon in einigen Jahrzehnten die Vorräte ausbeuten kann. Der Mensch des 20. Jahrhunderts verbraucht sehr schnell diese fossilen Reichtümer, die in mehr als 100 Millionen Jahren entstanden sind. Er experimentiert mit seiner Macht und seinem Glück. Er sollte aber lernen, die Gefahren besser einzuschätzen.

Gegenüber den erstaunlichen biologischen Entwicklungen, die aus dem kleinsten unbedeutendsten Lebewesen unermeßliche Schätze schaffen, muß der Mensch seine Grenzen erkennen. Er ist nur ein kleiner Teil des unendlichen Universums Leben, auf das er keinerlei Einfluß nehmen kann. Es bleibt ihm jedoch die Aufgabe, die mannigfaltigen Verflechtungen des Lebens in ihren großen Wirkungen mit seinem Intellekt immer mehr zu durchdringen.

144

145
146

147
148

Sachverzeichnis

Erläuterungen zu den Abbildungen im laufenden Textteil

3

Clypeaster scillae, ein Echinoderme aus dem Miozän von Vence (Frankreich). Die Morphologie dieser bemerkenswerten Art zeigt uns die ganze Schönheit der 5strahligen Symmetrie; hier überstand sie sogar die Fossilisation unverändert. Sie ist typisch für die meisten Seeigel; lediglich einige hochentwickelte Formen gehen wieder von ihr ab. Von dünnen Borsten geschützt, durchwühlte diese Art auf Nahrungssuche den Meeresschlamm.

4

Cosmoceras duncani, ein Cephalopode aus dem mittleren Jura von Calvados (Frankreich). Die Ammoniten zählten schon immer zu den volkstümlichsten und symbolträchtigsten Fossilien. Ihrer charakteristischen Form liegt die logarithmische Spirale zugrunde. Die Vielfalt ihrer Ornamente und ihre große Verbreitung machen diese heutzutage ausgestorbenen Cephalopoden zu aussagekräftigen Zeugen einer für immer vergangenen Zeit.

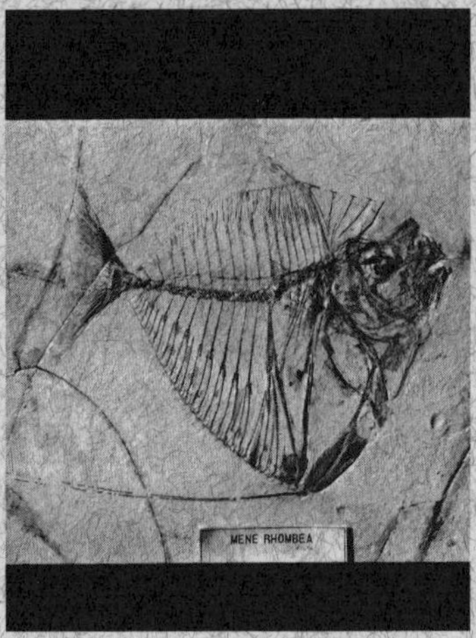

5

Mene rhombea, ein Fisch aus dem oberen Eozän des Monte Bolca (Italien). Dieses Vorkommen wird erst seit wenigen Jahren ausgebeutet und hat seitdem schon eine Unzahl von Fischen verschiedener Arten geliefert. Unverändert überstand ihr graziles Skelett 50 Millionen Jahre, dank der Fossilisation. Die Natur wird hier zum Kunstwerk.

6

Tyrannosaurus rex, ein Reptil aus der Oberkreide der USA. Der größte und furchtbarste Räuber, der je die Erde bewohnt hat. Dieser Dinosaurier erfüllte seine Umgebung mit Schrecken. Sein Gewicht betrug 8–10 Tonnen, seine Länge 10 m, und sein riesiges Maul war mit 15–20 cm langen Zähnen bewehrt; er muß unwiderstehlich gewirkt haben. Um sich vor ihm zu schützen, bewaffneten sich andere Reptilien mit spitzen Hörnern und mörderisch scharfen Schuppen.

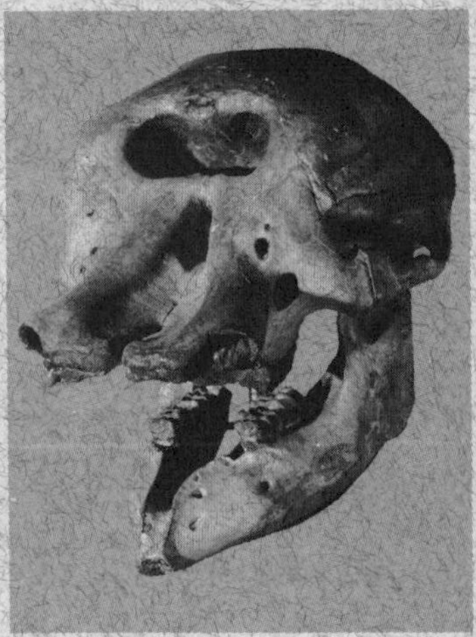

7

Mastodon americanus, ein Rüsseltier aus dem Pleistozän von Amerika. Berühmt wegen ihrer Statur und ihrer furchtbaren Stoßzähne, lebten die Mastodons im Tertiär und zu Beginn des Quartärs in Europa, Asien, Afrika und Amerika. Das Einauge – die große Nasenöffnung unterhalb der Stirn – und die Wurzelhöhlen ihrer mächtigen Stoßzähne geben ihrem gewaltigen Schädel ein sagenumwobenes Aussehen.

8

Arsinoitherium zitteli, ein Säuger aus dem Oligozän von El-Faiyum (Ägypten). Dieser fremdartige Quadrupede von 3 m Länge und einer Schulterhöhe von 1,75 m ist der einzige Vertreter einer Gattung, über deren Verwandtschaftsbeziehung wir kaum etwas wissen. Aus dem seltsamen Stirnschädel wachsen zwei gewaltige Nasenhörner, welche die kurze Schnauze weit überragen. Dem Zahntyp nach ein Pflanzenfresser, lebte dieses schwere und massige Tier wahrscheinlich in Sumpfwäldern.

9

Promicroceras planicosta aus dem Lias von Lyme Regis (England). Die Ammoniten sind eine der wichtigsten Gruppen aus der biologischen Vergangenheit unseres Planeten. Sie erschienen Anfang des Devon und überdauerten 400 Millionen Jahre bis zum Ende des Mesozoikums. Ohne ersichtlichen Grund starben sie damals zusammen mit den Dinosauriern aus.

22

Hornera striata, ein Bryozoe aus dem Miozän von Maine-et-Loire (Frankreich). Die Bryozoen sind dem Fossiliensammler weitgehend unbekannt, obwohl sie seit dem Ordovicium in vielen Sedimentgesteinen und weitverbreitet auftreten. Diese kleinen, in Kolonien lebenden Tiere besitzen dennoch eine große Bedeutung; durch ihr rasches Wachstum und ihre große Zahl sind sie für die Bildung zahlreicher Kalksedimente verantwortlich.

23

Eryon arctiformis, ein Arthropode aus dem oberen Jura von Solnhofen in Bayern. Die Crustaceen sind seit dem unteren Kambrium bekannt. Als vorwiegend im Wasser lebende Tiere haben sie sich seit dieser Zeit kaum weiterentwickelt. Ihr Chitinpanzer begünstigt eine fossile Erhaltung, und wir würden sie sicherlich weitaus zahlreicher finden, wenn sie nicht seit jeher zahlreiche Freßfeinde gehabt hätten.

24

Dapalis minutus, ein Fisch aus dem Oligozän von Aix-en-Provence (Frankreich). In dieser Gegend erstreckte sich im Oligozän eine weite Lagune, deren Salzgehalt in einem subtropischen Klima starken Schwankungen unterworfen war. Diese kleinen Fische waren offenbar dem stetigen Wechsel angepaßt. Heute findet man sie fossil zusammen mit einer reichhaltigen Flora und Fauna in Mergeln. Die Mergelschichten sind in Gipse eingeschaltet, welche schon seit langer Zeit ausgebeutet werden.

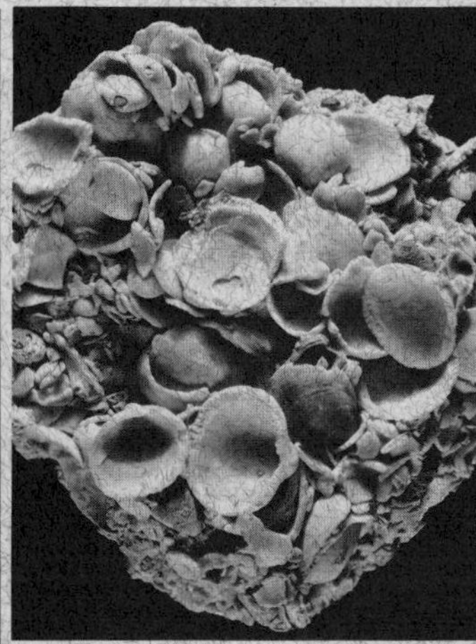

25

Das Tyrrhenische Meer hat diese Muscheln *(Glycimeris violacescens)* bei Mers-el Kébir (Algerien) zusammengeschwemmt. Im Tyrrhenien, einer Warmzeit, erfolgte ein allgemeiner Anstieg des Meeresspiegels, die letzte große Schwankung vor unserer heutigen Zeit. Die nachfolgende Klimaverschlechterung ließ bald darauf viele wärmeliebende Arten verschwinden. *Glycimeris violacescens* konnte sich jedoch halten und lebt auch heute noch im Mittelmeer.

26

Ein Zweig von *Sequoia sternbergii* aus dem oberen Oligozän der Steiermark (Österreich). Heute gibt es nur noch zwei Sequoiaarten, die in ihrer Verbreitung auf Kalifornien beschränkt sind. Im Tertiär waren diese großwüchsigen Pflanzen in allen gemäßigten Zonen der Nordhalbkugel zu finden, so auch in Alaska und Spitzbergen, wo damals ein weit milderes Klima herrschte.

27

Lymnocardium syrmiense, eine Muschel, die bei Boecin nahe Novi Sad (Jugoslawien) gefunden wurde. Im Pliozän erstreckten sich große Binnenmeere mitten im Zentrum Europas. Wie heute noch das Kaspische Meer und der Aralsee waren es die Reste eines alten Golfes. Der hohe Salzgehalt führte zu einer artenarmen, aber individuenreichen Fauna, an der die Cardiumarten einen großen Anteil hatten. Die kleinen Herzmuscheln beherrschten damals den Raum am Nordrand der neuentstandenen Gebirgszüge.

28

Pseudocidaris durandi aus dem oberen Jura von Dra-el-Ahmar (Algerien). Äußerst selten findet man einen regulären Seeigel, der noch seine Stacheln hat, da diese sehr rasch nach dem Tod abfallen. Seit ihrem ersten Auftreten in der Trias waren die Cidariden typische Bewohner der Felsenriffe; ihre besonders langen Stacheln dienen zur Fortbewegung.

29

Eine Gruppe von *Acrospirifer speciosus,* Brachiopoden aus dem Devon der Sahara. Im Devon, besonders dem Ende zu, bedeckten warme und flache Meere große Teile der Erdoberfläche und boten den Brachiopoden optimale Lebensbedingungen. So wurde das Devon, zusammen mit dem Silur, die Zeit der Brachiopoden, die sich weltweit ausbreiten konnten.

30

Trigonia crenulata, eine Muschel aus der mittleren Kreide von Le Mans (Frankreich). Zusammen mit den Rudisten (ebenfalls Muscheln) und den Nerineen (Schnecken) zählen die Trigonien zu den charakteristischen Mollusken des Mesozoikums. Häufig findet man sie in denselben Ablagerungen, am Rand von Korallenriffen in warmen und flachen Meeresbereichen.

31

Ein Abdruck von *Zamites epibius,* ein Cycadee aus dem Oligozän von Vaucluse (Frankreich). Diese Gymnospermen, direkte Nachkommen der fremdartigen Samenfarne (Pteridospermen) des Paläozoikums, besitzen viele altertümlichen Merkmale. Die ganze Pflanze samt Zweigen erinnert stark an eine Palme. Sie wuchs in einem tropischen Klima zusammen mit echten Palmen.

32

Nummulitenkalk *(Nummulites spira)* aus dem Eozän von Indien. Die Nummuliten, diese riesigen Einzeller, hielt man jahrhundertelang für versteinertes Geld. Sie bauen ein scheibenförmiges Kalkgehäuse, dessen Durchmesser bei einigen Arten größer als 10 cm sein kann. Sind sie so angeschnitten wie bei diesem Handstück, so erkennt man die einzelnen Wohnkammern, die in einer Spirale angelegt sind. Der Organismus bewohnt immer nur die letzte und größte Kammer.

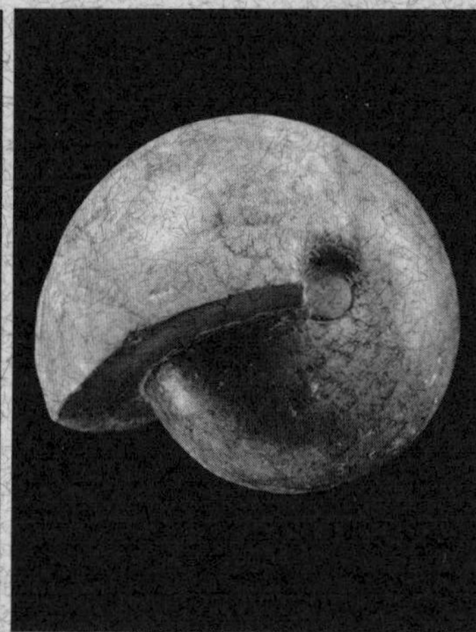

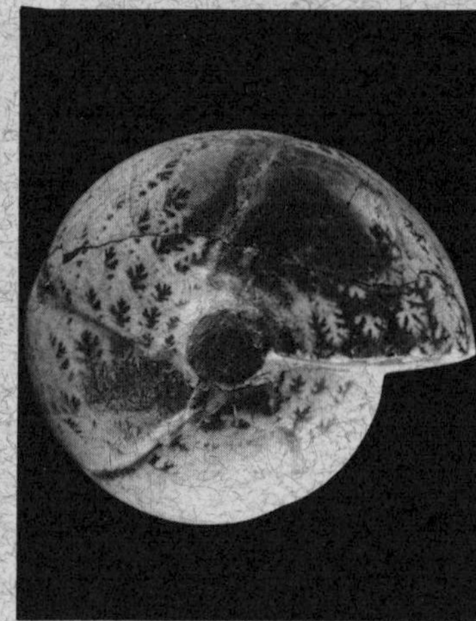

33 34

Zwei Beispiele von *Arcestes galeiformis* (Cephalopoden) aus der späten Trias von Salzburg und Hallstatt (Österreich). Auf der glänzenden Oberfläche dieser Stücke kann man die extreme Aufspaltung der Lobenlinie erkennen. Es ist die Schnittspur der kompliziert gebauten Kammerscheidewand mit der Außenschale. Die gesamte Schale war gekammert, aber das Tier bewohnte stets nur die letzte Kammer. Die Arcestesarten gehören zu den zahlreichen Ammoniten der alpinen Trias. Allen gemeinsam ist die komplizierte Lobenlinie. Sie kennzeichnet einen Entwicklungshöhepunkt kurz vor dem Aussterben zahlreicher Arten. In der oberen Trias erstreckte sich die Tethys, ein ausgedehnter Golf mit zahlreichen Korallenriffen und Vorläufer des Mittelmeeres, dort wo sich heute der südöstliche Teil der österreichischen Alpen befindet. Das Klima war warm, und auf den Kontinenten herrschten ausgesprochen aride Bedingungen.

35

Pleurotomaria armata, ein Gastropode aus dem mittleren Jura von Calvados (Frankreich). Die Pleurotomarien erschienen in der Trias und hatten ihr Entwicklungsmaximum im Verlauf des Jura. Einige Arten leben sogar noch in unseren Meeren (Antillen, Japan, Indonesien). Heute haben sie sich in größere Tiefen zurückgezogen (100–300 m), während die jurassischen Arten den Flachwasserbereich bevorzugten.

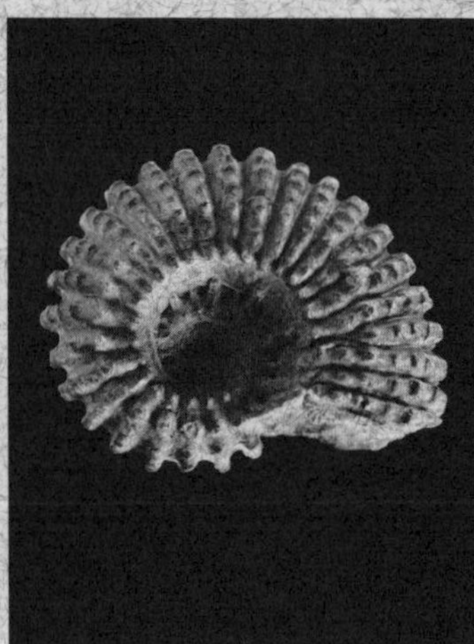

36

Douvilleiceras clementinum, ein Cephalopode aus der mittleren Kreide von Dieuville, Dep. Aube (Frankreich). Die Ammoniten der Kreide, aber auch des Jura, ermöglichen eine präzise Trennung der stratigraphischen Horizonte. Die ornamentreichen Formen, wie diese hier, sind typisch für Küstengewässer, während die glatten Formen gewöhnlich eine größere Wassertiefe anzeigen.

37

Polierter Anschliff von *Aulopora serpens,* einer Koralle aus dem mittleren Devon der Eifel. Ganz früher verwechselte man sie mit einer „Blüte, deren Blütenblätter entfaltet sind". Bis ins 18. Jh. wurde diese Art, wie alle anderen Korallen, ins Pflanzenreich gestellt. Noch 1850 nannte man sie Zoophyten – Tierpflanzen, weil sie, festgewachsen auf dem Meeresgrund, sich wie kleine Bäumchen verzweigen.

38

Querschnitt durch den Fruchtstand eines *Lepidodendron,* eines Schuppenbaumes aus dem Karbon der Haute-Garonne (Frankreich). Die Schuppenbäume, eine ausschließlich fossile Gruppe, waren riesige, bis zu 30 m hohe Pflanzen. Sie beherrschten die ausgedehnten Sümpfe, die im Karbon weite Strecken der Kontinentränder umsäumten. Der kräftige Stamm verzweigte sich oben zu einer breiten Krone, die Früchte hingen wie Tannenzapfen an den dicht belaubten Zweigen.

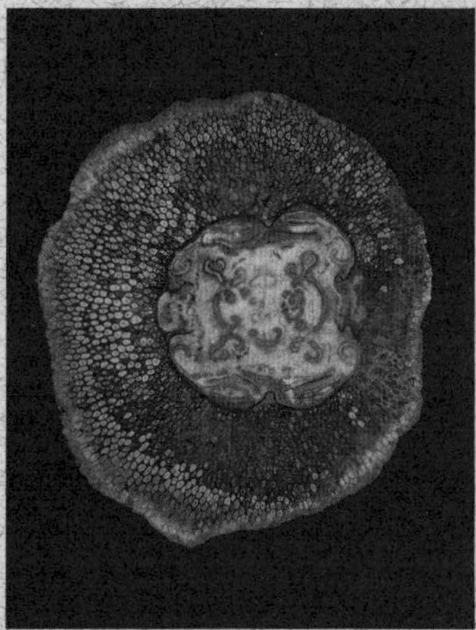

39

Querschnitt durch *Psaronius brasiliensis,* einem Farn des Perms von Piaui (Brasilien). Der bis zu 10 m lange Stamm dieses Baumfarns war relativ dünn und vom Schaft der Blätter umschlossen (Blattspur) wie die Stämme der Palmen. Die Pflanze und ihre Früchte sind unter zwei verschiedenen Namen bekannt. Die Baumfarne, diese außergewöhnlichen Vertreter der paläozoischen Flora, gibt es auch heute noch. Sie sind jedoch auf die tropischen Nebelwälder beschränkt.

40

Eine geflügelte Ameise, eingeschlossen im obereozänen Bernstein aus dem Baltikum. Die ersten Ameisen erschienen im Lias. Mit ihrer großzügigen Entwicklung im Tertiär können sich nur wenige andere Insekten messen, sei es in der Arten- oder in der Individuenzahl. Mehr als 300 Hymenopterenarten (Bienen, Wespen, Ameisen usw.) konnte man aus dem baltischen Bernstein bestimmen.

41

Homoeosaurus jourdani, ein Reptil des späten Juras von Plan de Canjuers, Dep. Var (Frankreich). Dieses kleine Reptil, das wie eine Eidechse aussieht, gehört zu den Rhynchocephalen. Sie erschienen zuerst in der Trias und waren Ende Jura weit verbreitet. Nur eine Art konnte bis in die Gegenwart überleben, das *Sphenodon,* ein lebendes Fossil von 60 cm Länge, bewohnt kleine Inseln vor der Küste Neuseelands.

42

Pterodactylus, ein fliegendes Reptil aus dem oberen Jura Bayerns. Die zahlreichen *Pterodactylus*-Arten, Flugsaurier aus dem oberen Jura und der Kreide, schwanken in ihrer Größe vom Sperling bis zum Adler. Ihre Flügel bestanden aus einer Flughaut, die der vierte Finger aufspannte. Sie waren mittelmäßige Flieger und suchten die Meeresküsten nach Nahrung ab.

43

Marrolithus ornatus, ein Arthropode aus dem Ordovicium Böhmens (Tschechoslowakei). Die Trilobiten sind die wichtigsten Arthropoden des Paläozoikums. Den Höhepunkt ihrer Entwicklung erreichten sie zu Beginn des Ordoviciums. Aber erst nach 320 Millionen Jahren, im Perm, starben sie endgültig aus. Diese kleine Art, die relativ gedrungen und fast 2,5 cm breit ist, gehört zu einer weitverzweigten Gruppe, die es ermöglicht, die stratigraphischen Horizonte präzise gegeneinander abzugrenzen.

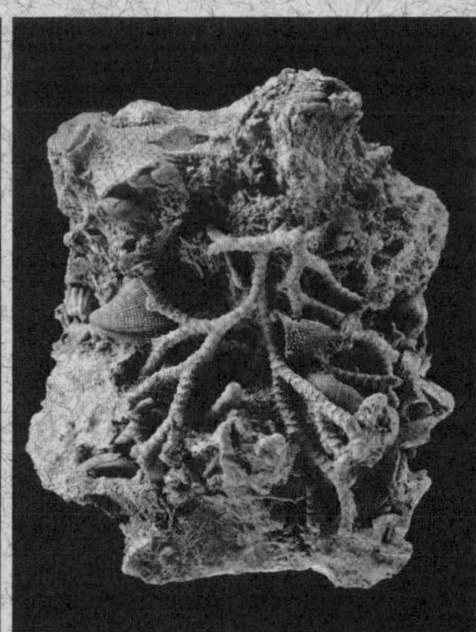

44

Spiropora elegans, eine Bryozoe aus dem mittleren Jura von Calvados (Frankreich). Die Bryozoen sind kleine Meerestiere, die sehr unterschiedliche Kolonien aufbauen; in der Regel sind sie ein Hinweis für geringe Wassertiefe. Die abgebildete Art, obwohl zerbrechlich, blieb unzerstört erhalten. Sie lebte zusammen mit anderen Organismen zwischen Algen und Seelilien.

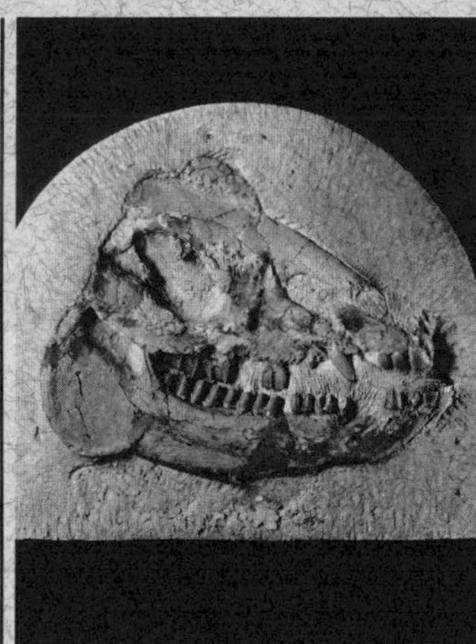

45

Paläotherium curtum, ein Säugetier aus dem Gips des Montmartre von Paris (Frankreich). Die Fossilien des Montmartre waren der Anlaß zu den wichtigsten und berühmtesten Arbeiten Cuviers. Dieses Paläotherium, ein „ehemaliges Tier", ermöglichte zusammen mit anderen Fossilien die Anatomievergleiche und die Rekonstruktionsversuche des Naturforschers. Später wurde im Gips von Vitry ein vollständiges Skelett entdeckt, das im Museum von Paris aufbewahrt wird.

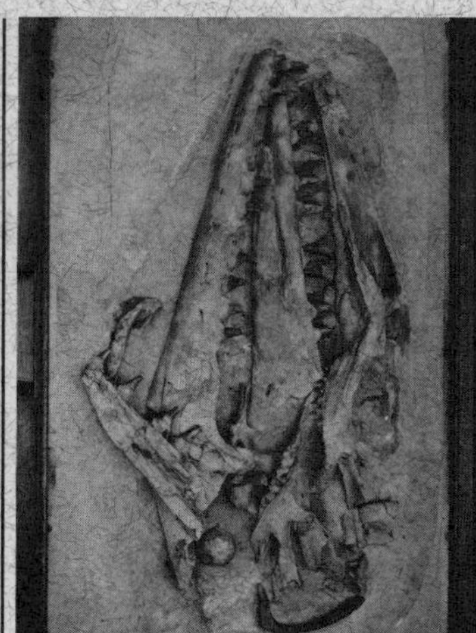

46

Mosasaurus hoffmanni, ein Reptil aus der Oberkreide bei Maastricht (Niederlande). Dieser gewaltige Schädel von 1,2 m Länge wurde 1770 gefunden und von Cuvier in seiner klassischen Denkschrift als das „große Tier von Maastricht" beschrieben. Die Mososaurier waren gigantische Reptilien, marine Fleischfresser. Sie besaßen Schwimmflossen und erreichten die stattliche Größe von 10 m. Ihre weitverzweigte Gruppe lebte in allen Meeren der Oberkreide; gewisse Merkmale weisen auf eine Verwandtschaft mit den Waranen hin.

47

Verkieselte Kalkschalen von *Potamides lapidum*, einem Gastropoden aus dem Eozän der Umgebung von Paris (Frankreich). Das Pariser Becken war im Eozän eine ausgedehnte Lagune. An ihrer Küste zog sich ein breiter Seengürtel entlang, in dem es zahlreiche Ceritiaceen gab, darunter auch diese Art. So entstanden regelrechte Schalenbänke, welche teilweise verkieselten, wie dieses Handstück. Nicht weit davon entfernt wurden Mergel und mehrere Meter Gips abgelagert.

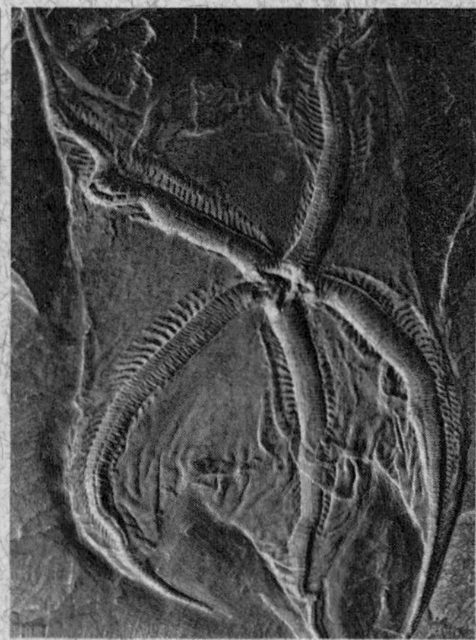

48 67

Loriolaster mirabilis und *Ophiura primigenia*, Echinodermen aus dem Unterdevon von Bundenbach (Deutschland). Die Schlangensterne, nahe verwandt mit den Seesternen, erschienen im Ordovicium, und noch heute sind sie leicht zu beobachten, wenn man bei Ebbe unter die Steine schaut. Ein warmes Meer bedeckte im unteren Devon einen großen Teil Westeuropas. In ihm lagerte sich ein feiner Schlamm, die heutigen Schiefer, ab. Hier sind viele Echinodermen fossil erhalten, so Seelilien, Seesterne usw. Sie vermitteln uns ein anschauliches Bild von den Lebewesen, die vor 400 Millionen Jahren auf dem Meeresgrund lebten.

66

Populus transversa, eine Angiosperme aus dem Miozän von Öhningen (Deutschland). Zwischen zwei Sedimentlagen gepreßt, wie zwischen den Seiten eines Buches, wurde dieses 20 Millionen Jahre alte Pappelblatt mit den feinsten Nerven und Teilen der Cuticula erhalten. Wie die meisten Laubbäume unserer Wälder trat die Pappel erstmals in der Unterkreide auf.

68

Symnastrea geometrica, eine Koralle aus der Oberkreide bei Maastricht (Niederlande). Symnastrea, die stark bewegtes Wasser meidet, bildet echte Kolonien, so daß die meisten Korallenriffe des Jura und der Kreide auf sie zurückgehen. Das abgebildete Stück ist ein Steinkern. Das Skelett der Koralle wurde bei der Fossilisation gelöst, so daß lediglich die mit Kalkschlamm gefüllten Hohlräume stehenblieben.

69

Aeger insignis, ein Zehnfußkrebs aus dem Jura von Solnhofen (Bayern). Die Garnelen gibt es seit der Trias, aber nur selten sind sie fossil erhalten. Relativ häufig finden wir sie in den Solnhofener Schiefern, wo die Chitinpanzer zahlreicher Crustaceen aufs beste konserviert sind. Dieses schöne 5 cm lange Exemplar hat kein einziges Glied verloren, sogar das erste und das zweite Antennenpaar sind noch vorhanden.

70

Dickinsonia costata, ein rätselhaftes Fossil der präkambrischen Ediacarafauna Australiens. Mit 700 Millionen Jahren eines der ältesten Fossilien dieser Größe (6,5 cm) und aufgrund des Erhaltungszustandes auch eines der bemerkenswertesten. Es wird als Abdruck einer Protomeduse interpretiert, da man im gleichen Vorkommen noch andere Hinweise auf diese Gruppe fand. (Das Original befindet sich in der Universität von Adelaide, Australien.)

71

Archäocyathidenkalk aus dem Unterkambrium der Mongolei. Die Archäocyathen ähneln den Schwämmen und treten vorwiegend im Kambrium auf. Unter günstigen Bedingungen bleibt ihr Gerüst vorzüglich erhalten, so daß sich auch Einzelheiten erkennen lassen. Eine Säurebehandlung machte die ganze Schönheit dieser Probe sichtbar, obwohl sie über 570 Millionen Jahre alt ist.

72

Steinkern eines *Clypeaster* (Echinoderme) aus dem Miozän von Malta. *Clypeaster* – irreguläre Seeigel, erschienen im Eozän; am häufigsten finden wir sie jedoch in sandigen Ablagerungen des Miozäns, wo sie ausgezeichnete Leitfossilien abgeben. Die Kalkschale dieses Stücks wurde im Lauf der Fossilisation weggelöst, nachdem ihr Inneres verkieselt war.

73

Oligozäne Froschmumie aus den Phosphoriten von Quercy (Frankreich). Die bedeutenden Phosphoritlager von Quercy sind Höhlenfüllungen aus dem Oligozän. Hier findet man die Überreste einer reichhaltigen Fauna, darunter zahlreiche Höhlenbewohner. Sie sind bekannt für den außergewöhnlich guten Zustand mancher Fossilien, so wie dieser Frosch, eine 35 Millionen Jahre alte Mumie aus Kalkphosphat.

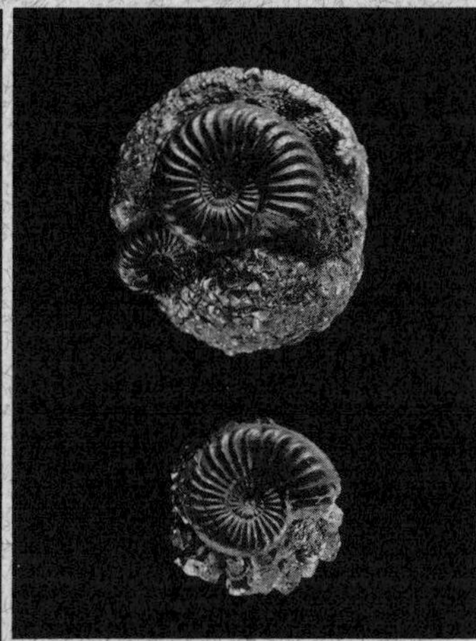

74

Beispiel eines pyritisierten Fossils. Die chemischen Bestandteile der Organismen verändern sich gewöhnlich im Laufe der Fossilisation. So bestehen die Fossilien aus den verschiedensten Bestandteilen: kristallinem Kalk, Eisen- oder Kupfersulfid, Hämatit, Gips, Kieselsäure usw. Diese kleinen pyritisierten Ammoniten berichten uns von speziellen Fossilisationsbedingungen in einem extrem reduzierenden Milieu.

75

Pecten quadricostatus, eine Muschel aus der Oberkreide von Maastricht (Niederlande). Diese Pectenschale wurde in 70 Millionen Jahre alten, verfestigten Sandschüttungen der Nordsee mit ihren Originalfarben erhalten. Sie unterschied sich nur geringfügig von den Arten, die man auf den Sandbänken unserer Meere findet. Nach ihrem Erscheinen in der Trias haben sich die Pecten bis zur Gegenwart kaum verändert.

76

Flabellaria lamanonis, eine einkeimblättrige Angiosperme aus dem oberen Oligozän von Aix-en-Provence (Frankreich). Nur selten findet man fossile Monokotyledonen. Diese erloschene Gattung gleicht unseren Palmen. Sie wuchs zusammen mit Drachenbäumen, Magnolien, und Mimosen, Florenelementen, die noch im Oligozän in Europa vorherrschten, zu einer Zeit in der die Laubbäume ihren Siegeszug erst antraten.

77

Neritoma ponderosa, ein Gastropode aus dem mittleren Jura von Martigny, Dep. Aisne (Frankreich). Auf dieser 160 Millionen Jahre alten Schale kann man noch die ursprüngliche Farbzeichnung bewundern. Wir kennen zahlreiche fossile Mollusken, deren ursprüngliche Zeichnung erhalten blieb, darunter sogar einige aus dem Paläozoikum.

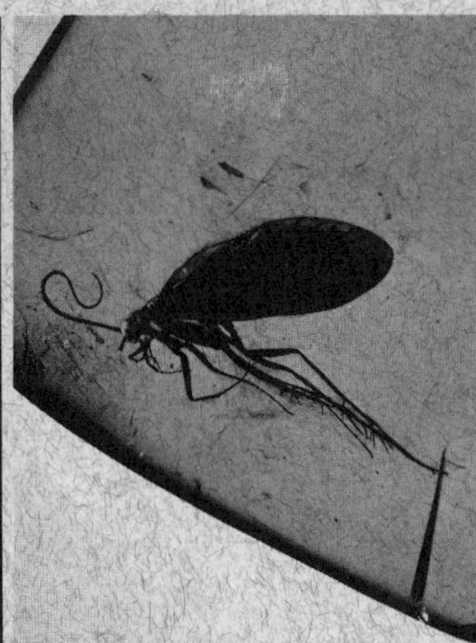

78

Oligozäner Bernstein aus dem Ostseeraum mit eingeschlossenen Dipteren. Schon in der Antike vermutete man richtig, daß dieses fossile Harz von Coniferenarten stammt. Bernstein kennt man vom Karbon bis ins Pleistozän und von allen Teilen der Erde. Die reichhaltigsten und bekanntesten Bernsteinlager befinden sich jedoch in Nordeuropa. Im unteren Eozän tauchte es als Insel aus dem Meer und bald war es von riesigen Kiefernwäldern überzogen. Der Bernstein, den man meist in Tonlagen findet, kann weit verfrachtet sein, besonders durch Gletscher und Meeresströmungen. Die Suche nach ihm beschränkte sich früher auf ein reines Aufsammeln an den Küsten, aber bald wurden Bergwerke und Gruben angelegt. Zu Beginn begehrte Sammel- und Schmuckstücke, zogen sie dann die Aufmerksamkeit der Naturforscher auf sich, die die reichhaltigen Einschlüsse von Insekten untersuchten.

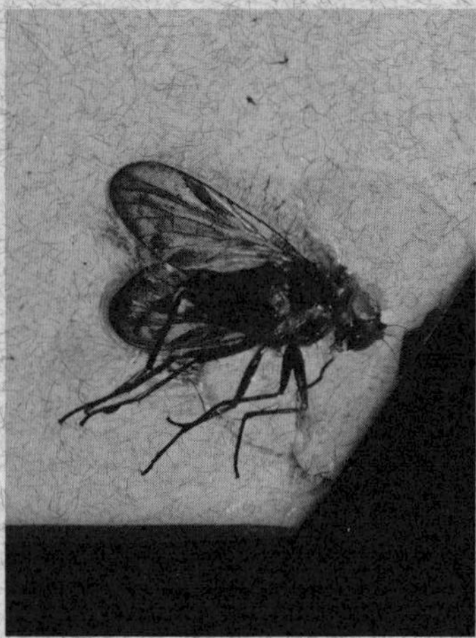

80

Einschluß eines Insekts im oligozänen Bernstein aus dem baltischen Raum. Die außergewöhnliche Formenvielfalt der Insekten fällt mit dem Erscheinen der Blütenpflanzen zusammen. Ihre zarten Körper werden jedoch selten fossil. Nur in den Bernsteineinschlüssen wurden zahlreiche Arten außergewöhnlich gut konserviert. Das entomologische Studium des baltischen Bernsteins erlaubt die präzise Rekonstruktion der damaligen Lebensbedingungen.

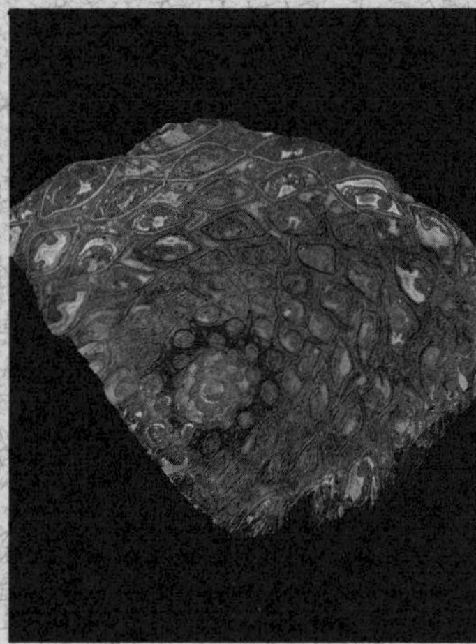

81

Querschnitt durch den Stamm eines *Thamnopteris* (Baumfarn) aus dem Perm Australiens. Dieser winzige Ausschnitt, welcher im Durchlicht photographiert wurde, zeigt Narben rund um den Stamm, die die Ansatzstellen der Blätter verraten. Die Gruppe, zu der auch *Thamnopteris* gehört, ist die älteste Gruppe unter den Farnen, die noch heute vorkommen.

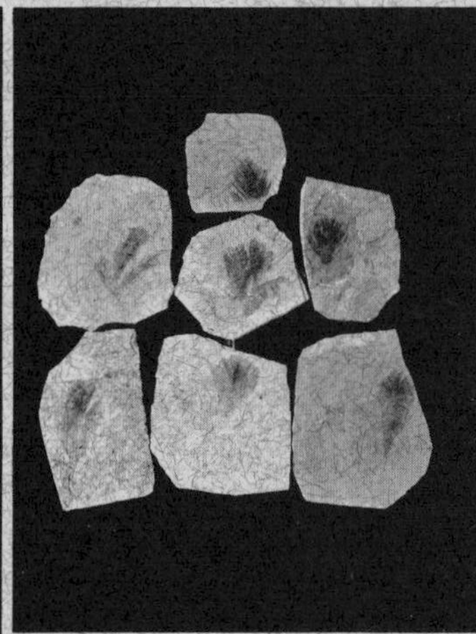

82

Vogelfedern aus dem oberen Oligozän von Saint-Gérand-le-Puy, Prov. Allier (Frankreich). Die leichte Vergänglichkeit des Vogelkörpers erlaubt selten eine Fossilisation, und ihre Entdekkung bleibt immer auf einige wenige Vorkommen beschränkt. In Saint-Gérand-le-Puy findet man nicht nur Knochen, sondern auch Eier und sogar Federn und, obwohl sie 26 Millionen Jahre alt sind, in einem hervorragenden Zustand.

83

Pulchellia galeata, ein Cephalopode aus der Unterkreide von Villa de Leiva, Provinz Boyacá (Kolumbien). Schwarz wie Ebenholz ist dieses Fossil. Es verdankt seine Farbe einer hochgradigen Imprägnierung durch Eisen. Seine harte, glatte und verkieselte Oberfläche zeigt etwas von dem Glanz, den die Schale des lebenden Tieres einmal besaß. Es ist der Vertreter einer äußerst seltenen Gattung, die in der Unterkreide Nordeuropa und Amerika bewohnte.

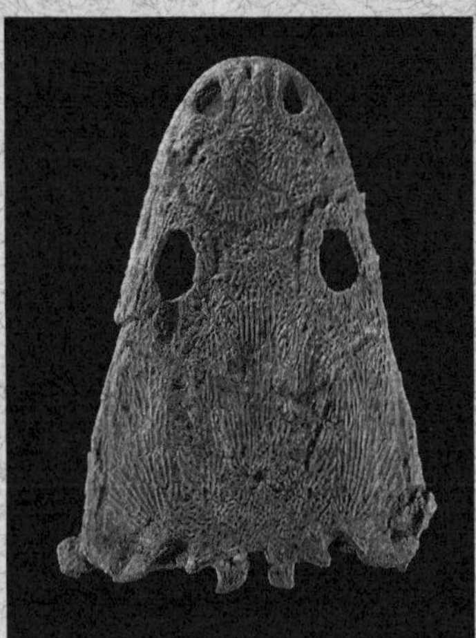

84

Schädel eines *Metoposaurus ouazzoui*, eines Stegocephalen aus der Obertrias des Atlasgebirges (Marokko). Die ersten Gäste der Devonwälder, die Stegocephalen, lebten bis in den Jura. In der Trias entwickelten sie Riesenformen mit charakteristischem, massigem Schädel. *Metoposaurus* wurde bis zu 2,5 m lang, hauste in Sumpfwäldern und ernährte sich von Fischen. Aus einer Fundstelle in Marokko konnten die Überreste von 70 Individuen geborgen werden.

85

Diplomystus brevissimus, ein Knochenfisch aus der mittleren Kreide von Hakel (Libanon). Dieser Fisch, der heute zwischen harten Kalklagen gepreßt scheint, gehörte zur reichhaltigen Fauna der Tethys (Vorläufer des Mittelmeeres). Dieses Meer war auch nach Osten hin offen, und große Teile waren flache Küstengewässer. Die Fundstelle von Hakel ist bekannt für den Reichtum und die gute Erhaltung seiner Fossilien. Außer Fischen lieferte sie zahlreiche Mollusken, Echinodermen und Crustaceen.

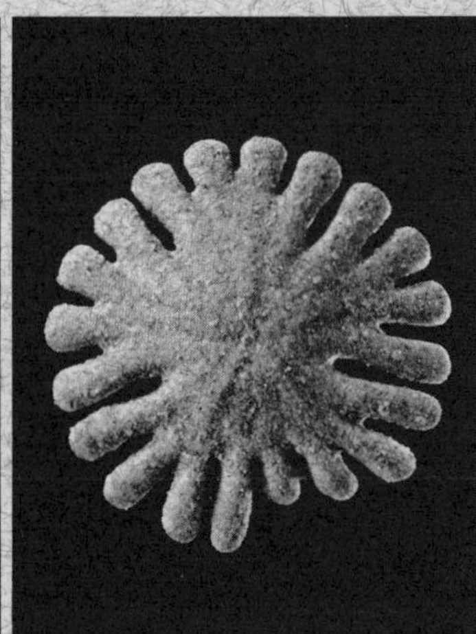

86

Rotula orbiculus, ein Echinoderme aus dem oberen Pliozän von Porto-Alexandre (Angola). Die Scutelliden, irreguläre Seeigel, die im Eozän erschienen, zeichnen sich durch eine flache, scheibenförmige Gestalt sowie durch ihren weit und bogenförmig zerlappten Rand aus. Sie stehen den *Clypeaster*-Arten nahe und gehören zu den höchstentwickelten Seeigeln.

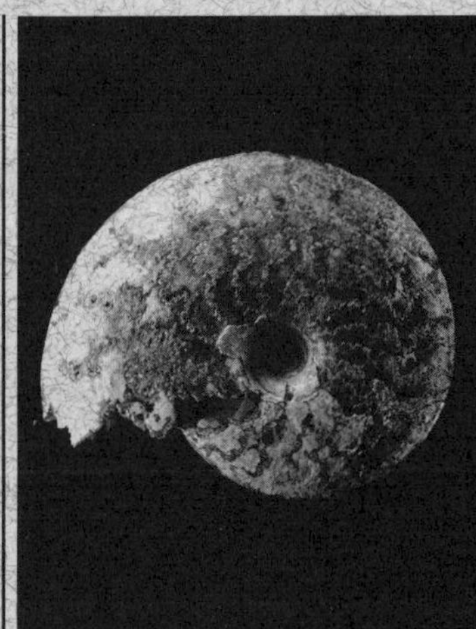

97

Garniericeras catenulatum, ein Cephalopode aus dem oberen Jura der Umgebung von Moskau (UdSSR). Lichtreflexe an mikroskopisch kleinen Aragonitlamellen erzeugen den Perlmuttglanz, den auch zahlreiche fossile Schalen zeigen. Auf diesem irisierenden Glanz, der noch durch die Zeichnung der Lobenlinie unterstützt wird, beruht die Schönheit dieser 5 cm großen Juraammoniten.

98

Cadoceras elatmae, ein Cephalopode aus dem mittleren Jura von Elatma (UdSSR). Der berühmte Aufschluß von Elatma ist für seine reichen Funde an Lammellibranchiaten, Gastropoden und Cephalopoden bekannt. Trotz ihrer 155 Millionen Jahre bewahrten außergewöhnliche Fossilisationsbedingungen die ganze Schönheit ihres natürlichen Perlmuttglanzes vor der Zerstörung.

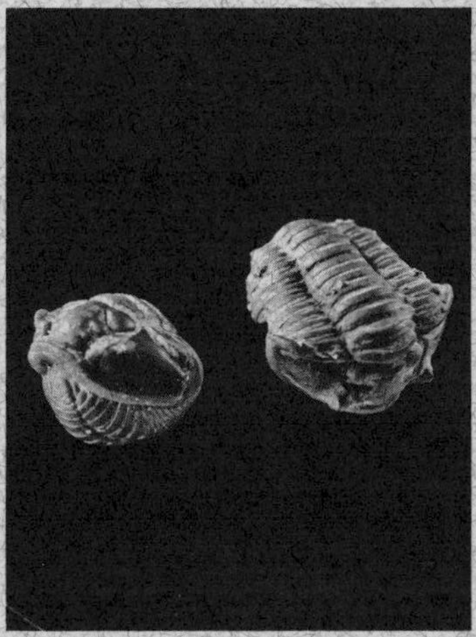

99

Calymene niagarensis, ein Arthropode aus dem unteren Silur von Ohio (USA). Nur selten geben uns die Fossilien Kenntnis von Verhaltensweisen. Ausgenommen *Calymene,* denn diese Trilobiten sind häufig eingerollt wie Kellerasseln in einer Schutzstellung fossil erhalten. Außerdem sind sie ausgezeichnete Leitfossilien, oft pyritisiert und charakteristisch für die Schieferfacies.

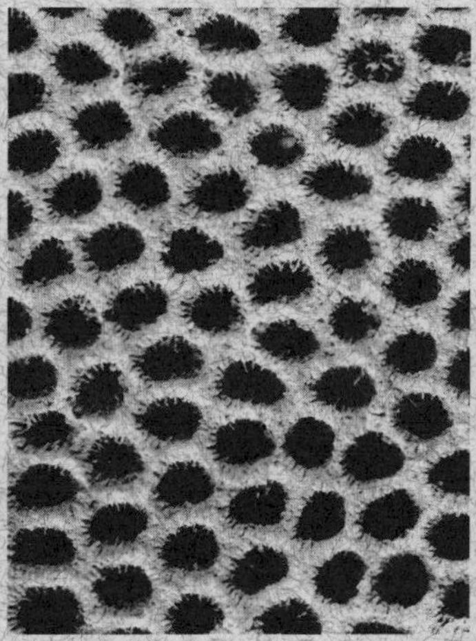

100

Kelchöffnungen von *Favites,* einer Koralle aus dem Neogen (jüngeres Tertiär) von der Landenge von Suez. Die Faviiden haben seit dem Jura die Korallenriffe mit aufgebaut, und ihre rezenten Vertreter sind im indopazifischen Raum recht zahlreich. Auch am Aufbau der Riffe des Roten Meeres, welche in der Zeit vom Miozän bis zur Gegenwart entstanden, waren sie beteiligt. Ihre Kelche besitzen einen mittleren Durchmesser von 5 mm.

101

Codiacrinus schultzei, ein Echinoderme aus dem unteren Devon von Bundenbach (Deutschland). Der Bundenbacher Schiefer enthält eine große Zahl von Echinodermen, vorwiegend Seelilien, sowie See- und Schlangensterne, welche in den ehemaligen, tektonisch verdichteten Schlicklagen ausgezeichnet erhalten sind. Die seltsame Lage dieser Seelilie geht auf plötzliche Strömungen, die über den Meeresgrund fegten, zurück.

102

Saccocoma pectinata, ein Echinoderme aus dem oberen Jura von Solnhofen (Bayern). *Saccocoma* und ihre Verwandten sind Seelilien ohne Stiel, die meisten verlieren ihn während eines Jugendstadiums, und viele führen danach ein Leben auf hoher See. Die ersten Vertreter kennen wir aus dem Lias, aber sie stehen auch heute noch in voller Entfaltung und sind in allen Meeren verbreitet.

103

Crinoidenkalk aus dem unteren Karbon von Colomb-Béchar (Algerien). Man sieht hier die Überreste einer ehemaligen Crinoidenwiese. Nur noch die Stielglieder blieben übrig, und an den Querschnitten kann man den Achsenkanal erkennen. Besonders aus dem Jura sind zahlreiche Ablagerungen bekannt, die fast völlig aus Crinoidengliedern bestehen; sie werden Trochitenkalke genannt.

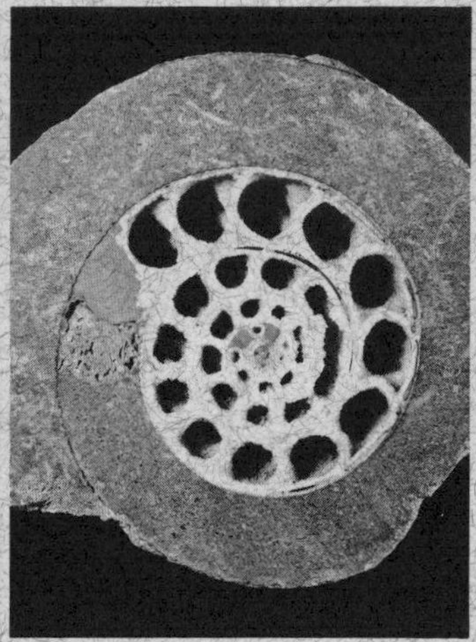

104

Schnitt durch einen *Perisphinctes plicatilis* aus dem oberen Jura von Calvados (Frankreich). Dieser Schnitt, praktisch in der Spiegelebene, zeigt die Schönheit der eingerollten Schale. Sie ist eine vollkommene logarithmische Spirale. Ammoniten und Nautiliden ziehen während ihres Wachstums Kammerscheidewände ein. Die luftgefüllten Kammern dienen als Schwimmorgan.

105

Sassafras cretaceum, eine Angiosperme aus der oberen Kreide von Kansas (USA). Das wichtigste Ereignis zu Beginn der Kreide stellt das Auftreten der echten Blütenpflanzen dar, welche sich schlagartig über die gesamte Erde ausbreiten. Die Familie der Lauraceen, zu denen der *Sassafras* gehört, war schon in der Oberkreide allgemein verbreitet. Das fossile Blatt einer noch heute lebenden Art ist so gut erhalten, daß alle Blattnerven sichtbar sind.

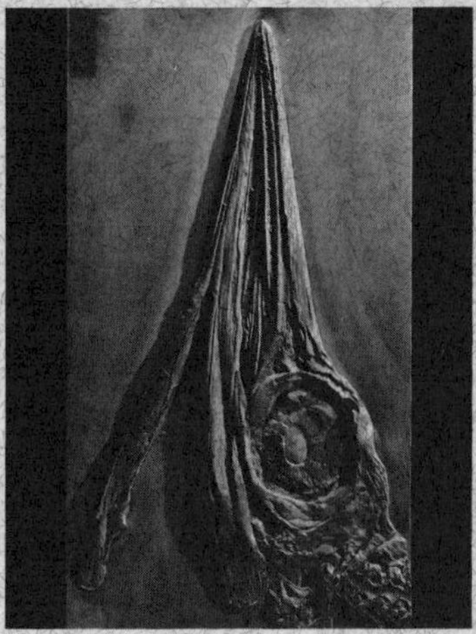

106

Stenopterygius crassicostatus, ein Ichthyosaurier aus dem Lias von Holzmaden in Württemberg. Von der Trias bis zum Ende der Kreide waren die Ozeane von Reptilien bevölkert; zu ihnen gehören auch die mittelgroßen (bis zu 3 m) Ichthysaurier. Der Organismus dieser Tiere ist hervorragend ans Wasserleben angepaßt, ihre Extremitäten sind gewaltige Schwimmpaddel. Ihre langausgezogene, mit spitzen Zähnen besetzte Schnauze erinnert an einen Schwertfisch.

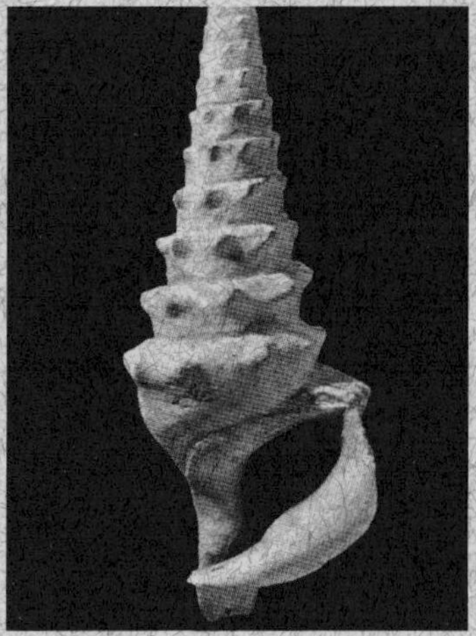

107

Campanile giganteum, ein Gastropode aus dem Eozän von Oise (Frankreich). Die Cerithiaceen sind die größten Schnecken, die es jemals gab. Einige unter ihnen werden bis zu 55 cm hoch. Es sind gesuchte Sammlerstücke und zweifellos die bemerkenswertesten Schalenträger aus dem Tertiär der Umgebung von Paris. Dieses riesige Gehäuse diente zahlreichen Organismen als Unterlage, die sich dort anhefteten oder einbohrten.

108

Phyllochilus polypora, ein Gastropode aus dem oberen Jura von Meuse (Frankreich). Diese Gastropoden bilden am Ende ihres Wachstums fingerförmige Rippen aus, welche sie zu wahren Kleinodien werden läßt. Sie werden geflügelte Schalen genannt. Die hier abgebildete 8 cm große Schale, die sich nicht aus dem Kalk herauslösen ließ, besitzt 12 gekielte Rippen.

109

Stenopterygius quadriscissus, ein Ichthyosaurier aus dem Lias von Holzmaden in Württemberg. Holzmaden ist eine der reichhaltigsten Fundstätten von Ichthyosauriern. Außergewöhnlich günstige Fossilisationsbedingungen ermöglichten es, auf den Schichtflächen nicht nur das vollständig erhaltene Skelett, sondern auch noch die Umrisse der Haut freizulegen. Im Innern der Tiere erkennt man oft noch unverdaute Beute oder Embryonen. Daher wissen wir, daß die Ichthyosaurier lebendgebärend waren.

110

Seymouria, ein Amphib aus dem Oberkarbon von Texas (USA). Dieser 60 cm große Stegocephale (urtümliche Amphibien) zeigt die Merkmale von Amphibien und die einfacher Reptilien. Er führte vor 290 Millionen Jahren in den Lagunen der Kohlenwälder ein amphibisches Leben. Hier hat die Fossilisation seine letzte Bewegung festgehalten. (Das Original befindet sich in der Smithsonian Institution Washington, USA.)

111

Lytoceras cornucopiae, ein Cephalopode aus dem oberen Lias von Verpillière, Dep. Isère (Frankreich). Dieser 15 cm große Ammonit verdankt seine Farbe dem Eisenoxid, womit er während der Fossilisation imprägniert wurde. Die Größe der Ammoniten ist je nach Art und Gattung variabel. Neben zentimetergroßen Formen gibt es auch den 2,5 m großen *Pachydiscus* aus der Oberkreide.

112

Isphlebia aspasia, ein Insekt (Arthropode) aus dem oberen Jura von Solnhofen (Bayern). Während *Meganeura* mit 65 cm, ein Riese des Paläozoikums, aber noch keine echte Libelle war, waren die Liasformen kleiner. Aber auch 15 cm ist eine stattliche Größe. Schon damals bevorzugten diese Insekten die freien Wasserflächen und die Sumpfwälder.

113

Mesolimulus walchi, ein Arthropode aus dem oberen Jura von Solnhofen (Bayern). Seit ihrem ersten Auftreten im Perm haben sich die Limulaceen (Pfeilschwanzkrebse) nur noch wenig verändert. Einige rezente Arten sind echte lebende Fossilien. Sie unterschieden sich wenig von den Arten des Paläozoikums und von denen des Mesozoikums, eigentlich nur durch eine etwas kräftigere Gestalt.

114

Sigillaria notata, eine Verwandte des Bärlapps aus Saarbrücken. Die Lycopodinae wuchsen zu Bäumen von 10–20 m Höhe heran, ihr Stammdurchmesser erreichte bis zu 1 m. Die Sigillarien waren im Karbon und Perm die typischen Florenelemente der Kohlenwälder. Gattung und Arten der Sigillarien werden anhand der kissenartigen Blattnarben unterschieden, welche nach dem Abwurf der Blätter am Stamm zurückbleiben. Die unterirdischen Organe sind unter dem Namen *Stigmaria* bekannt.

127

Agriocrinus inermis, ein Echinoderme aus dem unteren Devon von Bundenbach, Deutschland. Die Artenaufspaltung der Crinoiden, in den paläozoischen und auch mesozoischen Meeren, zeigt ihre vielfältige Anpassung an verschiedene Umweltbedingungen. Die Riffbewohner hatten einen massiven Körperbau, damit sie dem Wellenschlag standhalten konnten, während die Bewohner der ruhigeren Zonen, wie die aus dem Gebiet von Bundenbach, fein verzweigt und grazil waren.

128

Olenellus vermontanus, ein Arthropode aus dem Unterkambrium von Georgia, Vermont (USA). Die Olenellinen, die auf das untere Kambrium beschränkt sind, gehören zu den primitivsten Trilobiten. Jeder der 18 Gattungen dieser schon sehr verzweigten Familie ist einer biogeographischen Provinz zugeordnet. Die Gattung *Olenellus* findet man in Nordamerika, Grönland und Schottland, andere in Sibirien, in Skandinavien und im Baltikum oder in Marokko.

129

Monophyllites simonyi, ein Cephalopode der oberen Trias von Hallstatt (Österreich). Die Lobenlinien, die Ansatzstellen der Kammerscheidewände an der Außenschale, wurden im Laufe der Evolution zunehmend komplizierter. Im Paläozoikum waren es einfache, sinusförmige Kurven, in der Trias waren die Bögen schon in sich gefaltet, im Laufe des Juras und der Kreide wurden völlig zerschlitzte Lobenlinien angelegt.

130

Orbitolina concava, eine Foraminifere aus der mittleren Kreide von Orne (Frankreich). Die Orbitolinen waren in der Unterkreide und noch mehr in der mittleren ausgesprochen häufig, aber vor Beginn der Oberkreide starben sie wieder aus. Sie bevorzugten die tropischen Meeresteile mit sandigem Untergrund, wo sie dichte Populationen bildeten. Einige Arten wurden bis zu 6 cm groß.

131

Fenestella membranacea, eine Bryozoe aus dem Karbon von Colomb-Béchard (Algerien). Man benötigt eine starke Vergrößerung, um die erstaunlichen und exakten Wohnbauten dieser kleinen Organismen zu würdigen, wo jede Kammer dem Wohnraum eines einzigen Individuums entspricht. Die Bauwerke von *Fenestella,* einer ausschließlich paläozoischen Gruppe, muß man zu den einfachsten, aber auch schönsten Konstruktionen rechnen, die uns die Bryozoen hinterlassen haben.

132

Harpoceras subplanatum, aus dem oberen Lias von Verpillière, Dep. Isère (Frankreich). Die Art des Kiels, die geraden oder wellenförmigen Rippen, die unterschiedliche Form der Höcker und die oft lang ausgezogenen Spitzen, die die Schalen von zahlreichen Ammoniten schmücken, bilden die Merkmale, nach denen Gattung und Art unterschieden werden. Systematische und phylogenetische Zusammenhänge werden dagegen am Verlauf der Lobenlinie und der Art der Einrollung geklärt.

133

Salix, eine Angiosperme aus dem Tertiär des Bundesstaates Washington (USA). Die Verkieselung erlaubt eine vollendete Erhaltung der Strukturen. So zeigt dieser Querschnitt durch den verkieselten Stamm einer Weide, der außen von reinem Achat umgeben ist, die Wachstumsringe des Baumes. Man kann sogar das engere Frühjahrsholz und das breitere Herbstholz erkennen; ein handgreiflicher Beweis für einen Wechsel der Jahreszeiten wie in der Gegenwart.

134

Virgatites virgatus, Cephalopode des oberen Jura aus der Umgebung von Moskau (UdSSR). Wie auch zu anderen Zeiten der Erdgeschichte war im oberen Jura der östliche Teil des Mittelmeers mit dem Nordpolarmeer durch einen breiten nordsüdlich orientierten Meeresarm verbunden, der sogar die weiten Tiefebenen Mittelrußlands überschwemmte. Er führte dort die Borealfauna ein, die durch die Muschel *Buchia* sowie zahlreiche Ammoniten, wie diesen hier, charakterisiert ist.

135

Muschelbank mit *Monotis salinaria* aus der oberen Trias von Hallstatt (Österreich).
Die „Monotis", eine typische Gattung der Trias, war im östlichen Mittelmeer, Indonesien, Japan, Südaustralien und im nördlichen Pazifik bis Kalifornien in verschiedenen Arten verbreitet. Die *Monotis salinaria* ist ein typisches Fossil der alpinen Trias.

136

Otozamites, eine Gymnosperme aus dem oberen Jura von Verona (Italien). Die Cycadophyten erscheinen schon in der Trias, sind aber heute am Aussterben. *Otozamites* wurden lang für einen blättrigen Zweig der *Williamsonia* gehalten, eine Cycadophyte, die zur Gruppe der Benetitten gehört, und nur im Jura und der Oberkreide verbreitet war. Die großen Wedel mit den kleinen linsenförmigen Blättchen konnten bis zu 3 m lang werden.

137

Myrsina umbellata, eine Angiosperme aus dem Pliozän von Uriçanga (Brasilien). Die Angiospermen folgten auf die Gymnospermen. Seit der mittleren Kreide konnte sich die Flora ungestört entwickeln. Auch das Pliozän hatte keine großen Veränderungen zur Folge. Die *Myrsina*-Arten sind kleine, 7 m hohe Bäume, die heute noch in den Tropen vorkommen. Die Farbenpracht der Blätter wird durch natürliche Oxide hervorgerufen.

138

Blüte der *Williamsonia gigas*, eine Gymnosperme aus dem Jura. Saltwick (England). Die Gattung *Williamsonia* war auf der ganzen Erde verbreitet. Sie stellte 2/3 aller Cycadophyten, hatte einen langen Stamm und war mit Blättern bedeckt. Ihr Blütenstand ist von dem der Angiospermen sehr verschieden. Sie waren am Blattansatz angewachsen und konnten 11 cm Durchmesser haben.

139

Isophlebia aspasia, Insekt (Arthropode) aus dem oberen Jura von Solnhofen (Bayern). Die berühmte Fundstätte von Solnhofen, die eine außergewöhnliche Vielfalt besterhaltener Fossilien aufzuweisen hat, war im oberen Jura von warmem Flachwasser einer Lagune bedeckt. Hier wurde feinster Kalkschlamm abgelagert, in dem eine überreiche Fauna fossil erhalten wurde.

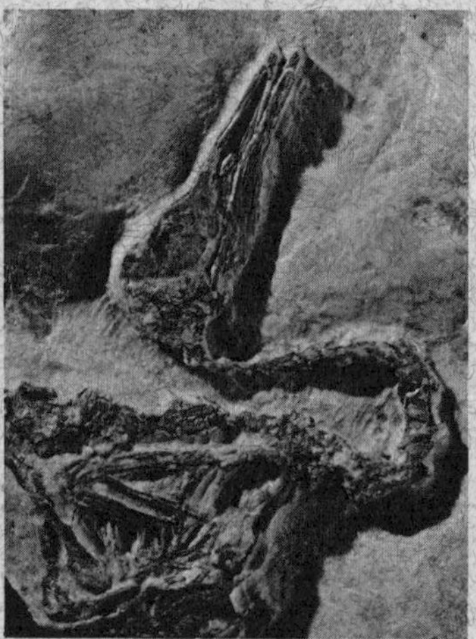

140

Palaeortyx, Rallenvogel des oberen Eozän aus dem Gips des Montmartre in Paris (Frankreich). Im oberen Eozän nahmen breite Lagunen das Pariser Becken ein, die nach ihrer Austrocknung den Gips zurückließen. Cuvier untersuchte die Gipsschichten und entdeckte eine reiche Fauna von land- und wasserbewohnenden Wirbeltieren, darunter auch die Vögel. Die Rallenvögel, meist scheue Bewohner der Schilfgürtel und gute Schwimmer, tauchen zum ersten Mal im Eozän auf. Sie sind heute weltweit verbreitet.

141

Oligozäne Heuschrecke aus den Phosphatlagerstätten von Quercy (Frankreich). Die Phosphatlager von Quercy enthalten nicht nur Wirbeltiere, sondern auch zahlreiche Insekten, die durch besondere Fossilisation vollständig erhalten sind und zu Kalkphosphat wurden, wie Käfer, Termiten, Ameisen und Heuschrecken, ja sogar Fliegenpuppen und -larven.

142

Dicrocerus elegans, ein miozänes Säugetier aus der Familie der Hirsche. Fundort, Sansan, Dep. Gers (Frankreich). Im subtropischen Klima des Miozän lebte in den Savannen und Wäldern eine Vielzahl von Säugetieren. Die ersten Hirsche des Oligozäns trugen kein Geweih. Auf Hirsche mit nicht abfallendem Geweih folgten im Miozän Hirsche, wie der *Dicrocerus,* die ihr Geweih abwarfen. Im Pleistozän erscheinen Damhirsch, Riesenhirsch, Reh und Ren. Sie waren die Beute des prähistorischen Menschen.

143

Emericiceras, ein Cephalopode der unteren Kreide. Fundort: Villa de Leiva (Kolumbien). Die Ammoniten, die mit den Orthoceren verwandt sind, stammen aus dem unteren Devon. Sehr bald schon begannen die Ammoniten sich einzurollen, wodurch sie eine größere Beweglichkeit erlangten. In der Kreide sterben sie langsam aus und nehmen die seltsamsten Formen an. Sie gleichen einer auseinandergezogenen, gekrümmten, manchmal auch unregelmäßigen Spirale.

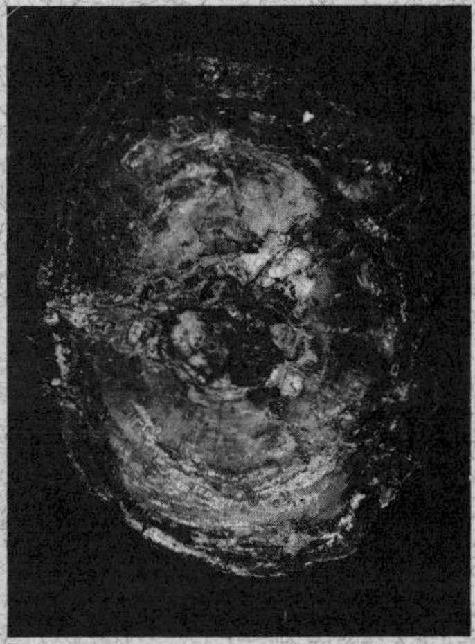

144

Schnittfläche eines verkieselten Nadelbaumes aus dem Chalcedony Park (USA). Vor 200 Millionen Jahren breitete sich dort ein Nadelwald aus, der möglicherweise aus Araukarien bestand. Ihre Stämme versteinerten und wurden zu Jaspis. Die Indianer hielten die überall verstreuten Stämme für die Knochen eines Riesen oder Waffen, die beim Kampf zwischen Göttern und Riesen zerbrochen waren. Ihr Durchmesser erreichte oft über 1 m.

145

Pinus resurgens, Konifere (Gymnosperme) des Oligozän. Fundort: Armissan, Dep. Aube (Frankreich). Die Nadelbäume, deren Harz zu Bernstein wird, treten zum ersten Mal im Perm auf und sind im Jura am weitesten verbreitet. Schon damals überwiegen sie, wie heute, auf der Nordhemisphäre. In der Abbildung kann man unterhalb der Nadeln deutlich die Kiefernzapfen erkennen.

146

Eryma modestiformis, Arthropode des oberen Jura. Fundort: Solnhofen (Bayern). Dieser kleine Krebs gehört einer Familie an, die seit der Trias bekannt ist, aber in der Oberkreide ohne Nachkommen wieder verschwindet. Das Lauftier war mit zwei gut entwikkelten Scheren ausgestattet und mit den Vorfahren der Langusten und Hummer verwandt. Es lebte in den Meeren Europas und war bis zum Libanon, Madagaskar, Polynesien und Nordamerika verbreitet.

147

Fossiler Meeresboden der mittleren Kreide aus der Umgebung von Dienville, Dep. Aube (Frankreich). Von einem solchen Musterexemplar ausgehend, kann man leicht ein Lebewesen rekonstruieren, das vor 115 Millionen Jahren auf flachen Sandbänken ruhiger Gewässer lebte. Zeitgenossen der Ammoniten *(Hoplites interruptus)* waren die Muscheln, die Gastropoden und Scaphopoden *(Dentalium decussatum),* zu denen sich einige nicht an Riffe gebundene Korallen gesellen *(Trochocyathus conulus).*

148

Dunkler Pyritsand mit Mollusken aus der mittleren Kreide in England. Dieser Pyritsand, den das Meer aus einer alten Tonbank herauswusch, enthält verschiedene Mollusken (Muscheln, Schnecken und kleine Ammoniten) und funkelnde Pyritkristalle. Als ein schönes Anschauungsobjekt ist er doch nur von mittelmäßigem wissenschaftlichen Interesse, da er wahrscheinlich mehrmals umgelagert wurde.

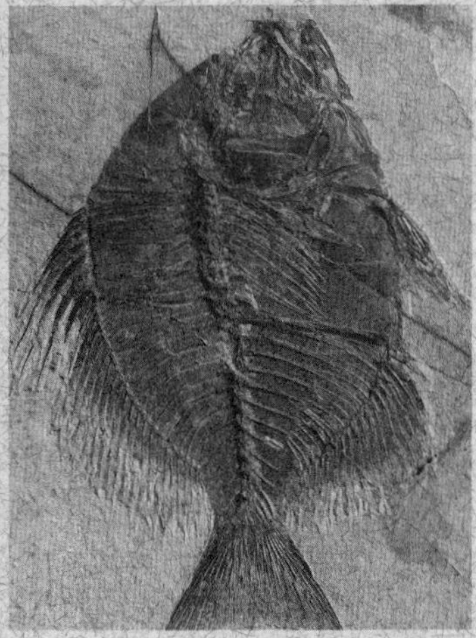

149

Archaephippus asper, Fisch aus dem oberen Eozän. Fundort: Monte Bolca (Italien). Die Schönheit der Fische des Monte Bolca erfüllte die ersten Naturforscher mit Staunen. Man konnte sich nicht erklären, im Boden Italiens Formen zu finden, die an das Chinesische Meer, den Indischen Ozean oder die Karibik erinnerten, da weder die Evolution noch die unendlichen geologischen Zeiträume bekannt waren, deren Geheimnis erst die Paläontologie lüftete.

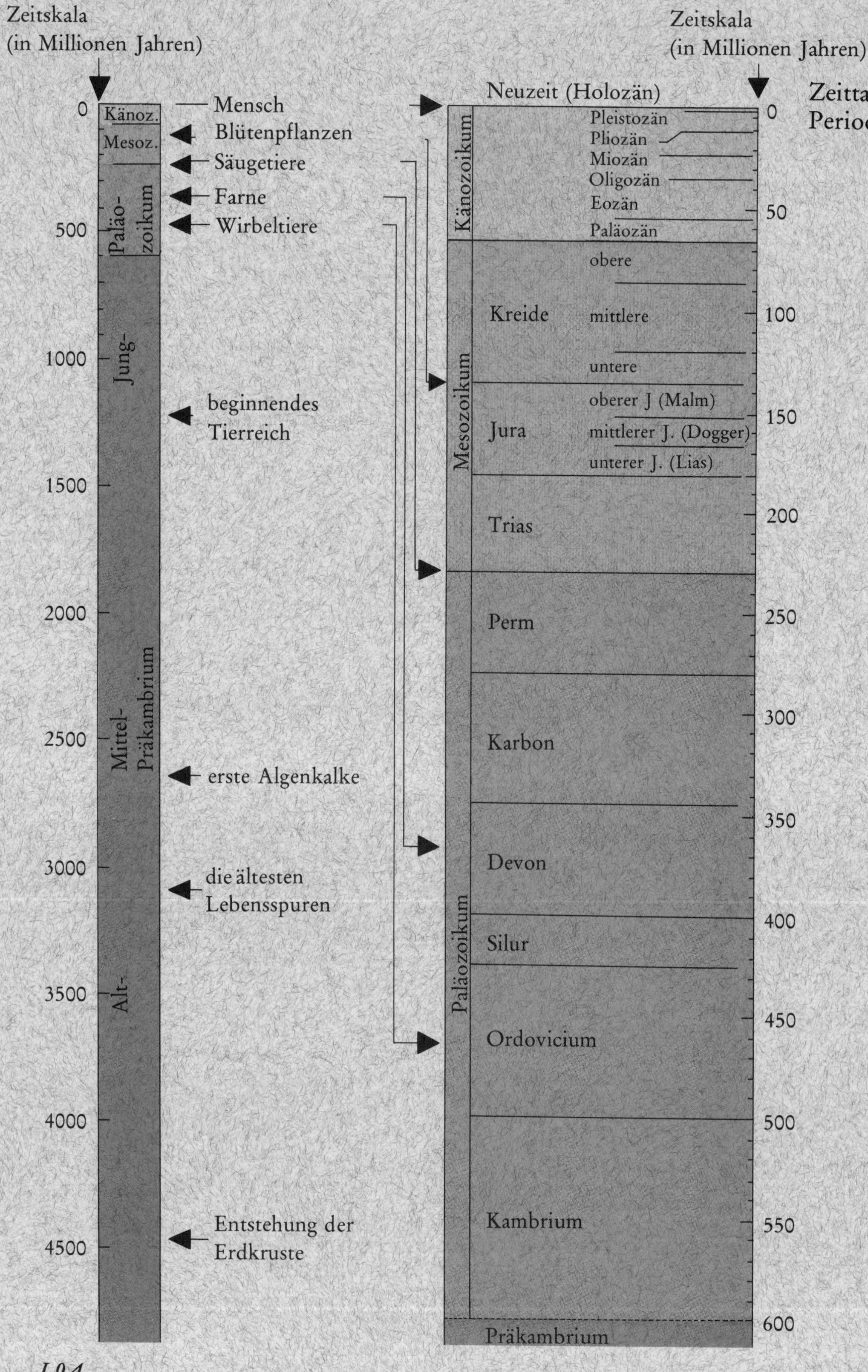

Zeittafel (mit Ära, Periode, Epoche)

Die Urgeschichte der Erde

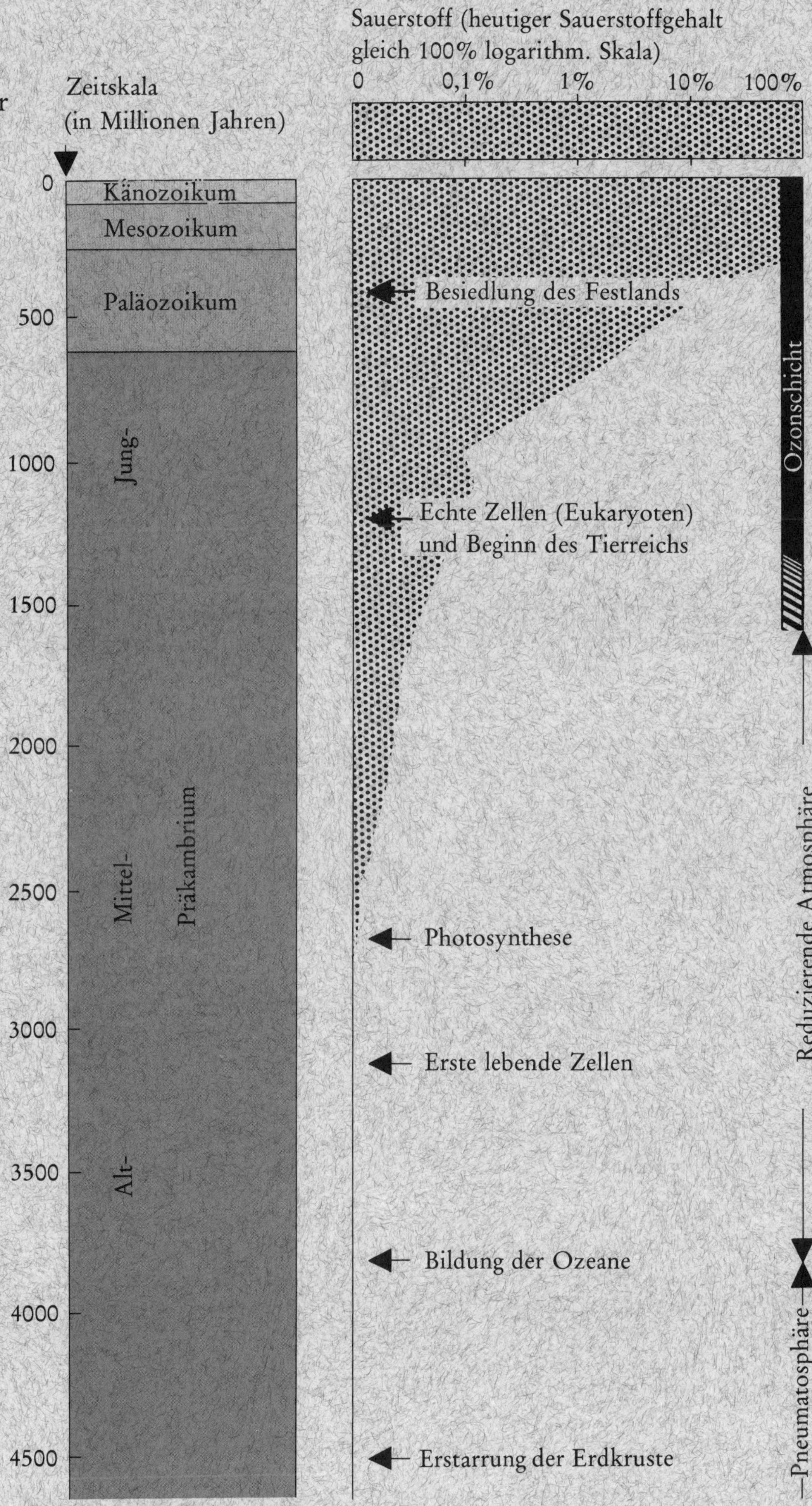

Alphabetisches Bildverzeichnis

Bilderläuterungen, die nicht im laufenden Textteil stehen, befinden sich auf den Seiten 182–193.

Literaturhinweise

Alimen, H.: Atlas de préhistoire. Boubée et Cie, Paris 1950 (3 Bände).

Aubouin, J., Brosse, R., Lehman, J.-P.: Précis de géologie. II, Paléontologie stratigraphique. Dunod Edit., Paris 1975.

Augusta, J.: A book of Mammouth. P. Hamlyn Edit., London 1963.

Babin, Cl.: Eléments de Paléontologie. Armand Colin Edit., Paris 1971.

Boule, M. und *Piveteau, J.:* Les Fossiles – Eléments de paléontologie. Masson et Cie, Paris 1935.

Boureau, E.: Traité de paléobotanique. Masson et Cie, Paris 1960 (9 Bände).

Chavan, A. und *Cailleux, A.:* Détermination pratique des fossiles. Masson et Cie, Paris 1957.

Chavan, A. und *Montocchio, H.:* Fossiles classiques. Deyrolle Edit., Paris 1968 (2 Hefte).

Colbert, E. H.: Dinosaurs. Their discovery and their world. Dutton et Co, New York 1968.

Deflandre, G.: La vie créatrice de roches. Presses Universitaires de France, Paris 1971.

Denizot, G.: Atlas des fossiles. N. Boubée Edit., Paris 1971–1976 (3 Hefte).

Easton, W. H.: Invertebrate Paleontology. Harpen et Br. Edit., New York 1960.

Emberger, L.: Les plantes fossiles dans leurs rapports avec les végétaux vivants. Masson et Cie, Paris 1968.

Furon, R.: La Paléontologie. La science des fossiles, son histoire, ses enseignements, ses curiosités. Pavot Edit., Paris 1943.

Genet-Varcin, E.: A la recherche du primate, ancêtre de l'homme. Boubée et Cie, Paris 1969.

Gignoux, M.: Géologie stratigraphique. Masson et Cie, Paris 1950.

Hamilton, W. R., Woolley, A. R., Bishop, A. C.: Les minéraux, roches et fossiles. Elsevier Edit., Paris 1974.

Kirkaldy, J. F.: Les fossiles en couleurs. F. Nathan Edit., Paris 1975.

Kurten, B.: Le monde des dinosaures. Hachette Edit., Paris 1968.

Lehman, J.-P.: Les preuves paléontologiques de l'évolution. Presses Universitaires de France, Paris 1973.

Moore, R. C., Lalicker, C. G., Fischer, A. G.: Invertebrate fossils. Mc Graw – Hill Edit., New York 1952.

Moret, L.: Manuel de paléontologie animale. Masson et Cie, Paris 1966.

Petersen, K.: Les animaux préhistoriques. F. Nathan Edit., Paris 1973.

Pinna, G.: Les fossiles. R. Laffont Edit., Paris 1973.

Piveteau, J.: Traité de Paléontologie. Masson et Cie, Paris 1952–1957 (7 Bände).

Pomerol, Ch.: Guides géologiques régionaux. Masson et Cie, Paris 1968–1976.

Rasmussen, W.: Palaeontologie. Fossile invertebrater. Munksgaad Edit., Kopenhagen 1969.

Rhodes, F. M., Zim, H. S., Shaffer, P. R.: Fossiles. Hachette Edit., Paris 1975.

Roger, J.: Paléontologie générale. Masson et Cie, Paris 1974.

Romer, A. S.: The Vertebrate Body. W. B. Saunders Cy, Philadelphie, London 1959.

Romer, A. S.: Vergleichende Anatomie der Wirbeltiere. Verlag P. Parey, Hamburg – Berlin 1966.
Schindewolf, O. H.: Grundfragen der Paläontologie. Schweirerbart'sche Edit., Stuttgart 1950.
Seward, A. C.: Plant life through the ages. Hafner Publ. Edit., New York 1959.
Spinar, Z.: Systematika paleontology bezobratlych. Academia, Prag 1965.
Spinar, Z.: Encyclopédie de la préhistoire. La Farandole, Paris 1973.
Swinnerton, H. H.: Fossils. Collins Edit., London 1960.
Termier, H. und *G.:* Paléontologie stratigraphique. Masson et Cie, Paris 1960.
Termier, H. und *G.:* Biologie et écologie des premiers fossiles. Masson et Cie, Paris 1968.

Weiterführende deutschsprachige Literatur

Bederke, E. und *Wunderlich, H. G.:* Atlas zur Geologie. BI-Hochschultaschenbücher. Verlag Bibliographisches Institut, Mannheim 1967.
Hemleben, J.: Charles Darwin in Selbstzeugnissen und Bilddokumenten. Rowohlt Verlag, Reinbek/Hamburg 1968.
Lorenz, K.: Darwin hat recht gesehen. opuscula 20. Neske Verlag, Pfullingen 1965.
Mägdefrau, K.: Paläontologie der Pflanzen. VEB G. Fischer Verlag, Jena 1968.
Müller, A. H.: Lehrbuch der Paläozoologie. VEB G. Fischer Verlag, Jena 1963–1970 (3 Bände in 7 Teilen).
Osche, G.: Evolution. Grundlagen – Erkenntnisse – Entwicklungen der Abstammungslehre. Reihe studio visuell. Verlag Herder. Freiburg 1977.
Schmidt, K.: Erdgeschichte. Sammlung Göschen. W. de Gruyter & Co., Berlin 1972.
Thenius, E.: Versteinerte Urkunden. Springer-Verlag, Berlin 1963.
Thenius, E.: Lebende Fossilien. Franckh'sche Verlagshandlung, Stuttgart 1965.
Vangerow, E.-F.: Grundriß der Paläontologie. B. G. Teubner, Stuttgart 1973.
Vogellehner, D.: Paläontologie. Grundlagen – Erkenntnisse – Geschichte der Organismen. Reihe studio visuell. Verlag Herder, Freiburg 1977.
Wagner, G.: Einführung in die Erd- und Landschaftsgeschichte. Öhringen 1960.
Wunderlich, H. G.: Einführung in die Geologie. BI-Hochschultaschenbücher. Verlag Bibliographisches Institut, Mannheim 1967 (2 Bände).